시대의 길목 개항장

제물포를 드나든 에피소드

문화의 길 II
02

시대의 길목
개항장
제물포를 드나든 에피소드

유동현

글누림

| 개항기 제물포(인천항). 『인천개항 25년사』, 인천광역시 역사자료관)

| 1960년대 인천항. 가운데 하얀 건물은 파라다이스호텔(옛 오림포스호텔)

| 도크 쪽에서 본 현재의 개항장. 왼쪽이 차이나타운이고 아래 벽돌건물은 인천아트플랫폼이다.

| 자유공원 쪽에서 본 현재의 개항장과 도크. 오른쪽 섬은 월미도

prologue

밀門썰門, 인천 개항장

타임슬립으로 시간을 거스른다면 너무 멀리 가고 싶진 않다. 얼추
100년에서 150년 정도 미끄러지고 싶다. 그 정도라면 그 곳에서 유쾌
하게 유람할 수 있을 듯하다. 현재 우리 주변에 남아 있는 흔적과 빛바
랜 사진, 활자 자료 등을 통해 지금도 종종 접하는 시간과 공간이기 때
문이다. 그곳은 '기억'의 가시거리에 있다.

'개항장(開港場)'에 관한 원고 청탁을 받았을 때 '왜 나한테?' '아직
거기에 애깃거리가 남아 있을까?'라는 갸웃 짓이 반사적으로 나왔다.
동시에 지역의 내로라하는 개항장 '박사님'들의 얼굴이 눈앞에 쭈욱
스쳐지나갔다. 겁부터 났다. 겸손하게 거절하는 척 하다가 곧바로 솔
직해지기로 했다. 그리고 고백했다. "언젠가 꼭 쓰고 싶었습니다."

인천 연안부두 가는 길 입구에 '인천개항100주년기념탑'이 높게
세워져 있었다. 인천시가 개항 1백주년을 맞아 1983년에 건립했다.
그 탑은 2003년에 완전히 헐렸다. 표면상 철거의 이유는 교통 체증을
유발한다는 것이었다. 실상은 개항 역사를 왜곡 표현했다는 시민사회
단체의 주장에 백기를 들었다. 높게 솟은 서양 여신상의 거만한 몸짓
과 개항상징 선박 그리고 거기에 승선한 외국 인물상 등의 구성이 마
치 점령군의 이미지를 준다는 것이 한몫했다. 무엇보다 방향이 마음

에 들지 않았다. 인천 내륙으로 들어오는 모습이 굴욕적인 문호 개방과 침략을 정당화한 상징물이라는 주장이었다. 이를 계기로 인천에는 이미 1500여 년 전 능허대(凌虛臺)를 통한 자주적 개항 교역의 역사가 있음을 일깨웠다.

원래 인천은 수천 년 간 내륙 도시였다. 문학산을 중심으로 형성, 발전되어 왔다. 어느 날 갑자기 밑도 끝도 없이 '조약(條約)'을 맺어 바닷가 한편이 열리면서 모든 게 송두리째 바뀌기 시작했다. 행정기능이 옮겨 가고 거주지가 새로 생기면서 '제물포'가 인천의 중심이 되었다. 이방인의 짐 보따리와 함께 듣도 보도 못한 문화와 물화가 밀려 들어왔다. 개방은 혼돈이었고 개벽이었다.

인천의 '근대' 개항장은 현재 인천항을 중심으로 한 인천광역시 중구 일대를 말한다. 우리가 잘 알고 있는 차이나타운, 자유공원, 신포동, 월미도 등이라고 하면 이해가 쉬울 것이다. 그곳엔 개화의 빛과 그림자가 여전히 드리워져 있다.

개항이 되자마자 인천의 밀물썰물은 조선의 '밀門썰門'이 되었다. 숱한 이야기들이 인천 개항장을 통해 밀려왔다 밀려나갔다. 개항기의 시대상과 삶을 전해 들었거나 몸소 체험했던 지역의 일부 지식인들은 이 이야기를 '기록'으로 남겼다. 고일의 『인천석금』, 최성연의 『개항과 양관역정』, 신태범의 『인천 한세기』 등은 개항장 이야기의 '원수(原水)'다. 이 물을 이용해 후세들은 식수도 만들고 커피 물도 끓였다.

이제 이 이야기는 '서사'를 넘어 '역사'가 되고 있다. 연구자들은 이를 토대로 끊임없이 관련 학술서와 논문을 생산해 낸다. 그들의 노고 덕분에 개항장의 역사는 확대 재생산되고 있다. 필자의 졸저는 이것이 근간이 되었다. 단 한 줄도 연구한 게 없이 그저 빌려 썼을 뿐이다.

　'언젠가 꼭 개항장을 쓰고 싶었던' 이유를 굳이 들자면 남들과 다르게 '재미있게 엮어보자'는 생각을 해왔다. 본 책의 예를 보자. 하와이 이민에 대해 이야기 하면서 금광 노다지 – 최불암 – 복혜숙 – 용동 권번 – 하와이 조선인 포로 – 인하대 – 이승만 동상으로 이어 갔다. 논문거리에 끼지 못하는 부스러기 이야기를 엮어 하나의 에피소드로 꾸몄다. 마치 천 쪼가리를 모아서 예쁜 보자기 하나 만들어 보겠다는 심정으로 서툰 바느질을 했다.

　무엇보다 개항기의 시간과 공간을 '그때 그곳'에 가두지 않고 이야기를 현재까지 끌어 내오려고 노력했다. 특히 인천 개항장을 얘기하면 으레 쳇바퀴 돌리는 '최초 최고'에서 벗어나고자 했다.

　앞서 한 시대를 살아온 지역 선배들이 길어낸 청정 일급수 물을 활용해 톡 쏘는 청량음료를 제조해보겠다고 펜을 들었다. 끝내고 나니 김빠진 밍밍한 사이다를 만들었다는 자괴감과 아쉬움이 남는다. 사이다를 거론한 차에 타임슬립으로 꼭 가보고 싶은 곳이 있다. 시간 여행을 통해 그 때 인천 앞바다에 정말 사이다가 둥둥 떠 있었는지 두 눈으로 확인해 보고 싶다. 그들은 '고뿌'가 없어 결국 못 마셨는지도 궁금하다. 인천 개항장에는 미끄러져 가 볼 공간이 너무 많다. 그곳은 여전히 우리 기억의 가시거리에 있다. 미처 못 간 현장과 못다한 이야기는 염치없이 후배들에게 미룬다.

2016년 12월
인천, 정각골에서 유동현

차례

3부 제물포, 사람을 이야기하다

1부
제물포 바다,
조선을 열다

16 시대의 길목 개항장

'꽃을 든 남자' 푸틴

2013년 11월 13일 밤 8시 인천 연안부두. 초겨울의 부둣가는 밤이 빨리 찾아온다. 한낮에 물살을 부지런히 가르던 선박들은 부두 품에 안겨 휴식을 취하고 있다. 차가운 바닷바람이 옷깃을 여미게 하는 한밤중에 부두 광장에 사람들이 모여들었다.

그들 가운데 러시아 대통령 블라디미르 푸틴이 꽃 한 송이를 들고 서 있다. 근육질에 마초 기질 다분한 그이지만 그 시간 그곳에서는 한 마리의 여린 양 같은 모습이었다. 잠시 후 그는 '제물포해전 추모비'에 헌화하고 묵념했다. 이 장면은 러시아 전역에 생방송으로 중계됐다.

인천 연안부두 광장에 있는 '제물포 해전 추모비'에 헌화하고 있는 푸틴. 맨 뒤에 당시 인천시장이었던 송영길 시장이 서있다. (인천시)

'무박 1일' 번갯불에도 챙긴 추모 헌화

　　시곗바늘을 조금 앞당겨 본다. 그날 새벽 오전 3시 특별기 한 대가 인천국제공항 활주로에 착륙했다. 블라디미르 푸틴 러시아 대통령이 탄 '코드 원(Code One)'이다. 공항 이용 시간 중 가장 한산하다고 할 수 있는 이른 새벽 시간에 도착한 것이다. 해외 순방을 하는 우리나라 대통령이나 한국을 방문하는 외국 대통령은 일반적으로 인천국제공항을 이용하지 않고, 군에서 관리하는 성남의 서울공항으로 드나든다. 경호 문제 때문이다. 그런데 경호에 극도로 예민한 러시아 푸틴 대통령이 인천국제공항으로 입국했다.

　　이날 인천공항 활주로에는 7대의 러시아 비행기가 착륙했다. 푸틴이 탄 특별기를 비롯해 만일의 사고에 대비한 예비기 1대, 수행단 탑승기 1대, 각종 화물을 싣고 온 화물기 2대, 부총리 전용기 1대, 외교부장관 전용기 1대 등이다. 수행단은 약 150명으로 추정되었다. 화물기 편으로 푸틴 전용 방탄 차량은 물론 평소 마시는 생수와 휴지까지 싣고 들어왔다.

　　애초 푸틴의 방한은 이틀간으로 예정됐는데, 갑자기 '무박 1일'로 바뀌며 일정이 아주 빡빡해졌다. 결국, 한·러 정상회담도 40분가량 지체되는 외교상 결례를 범했다. 모든 일정이 밀리며 오후 3시 열릴 예정이던 정상 오찬은 오후 5시나 되어서야 진행되었다. 참석자 모두 졸지에 점심도 저녁도 아닌 '점저'를 먹었다. 한국 방문 내내 분·초 단위로 쪼개 쓴 벼락치기 일정 중에도 푸틴은 인천 중구 항동에 있는 연안부두로 달려갔다. 그는 거친 숨을 진정시키고 추모비에 다소곳이

헌화하는 것으로 한국에서의 공식 일정을 마무리했다. 애초부터 이를 염두에 두고 성남 서울공항이 아닌 인천국제공항으로 기수를 돌렸던 것이다.

항복 대신 자폭

시곗바늘을 110여 년 전으로 돌려 본다. 1904년 2월 8일 제물포항 주변은 전운이 감돌았다. 인천 팔미도 앞바다에 진을 친 일본함대 제 4분견대와 항구에 정박 중인 러시아 함대 순양함 바랴크호와 꼬레이츠호는 일촉즉발 상태였다. 당시 제물포항에는 영국의 탈보트호, 이탈리아의 엘바호, 미국의 윅스버그호 등 수 척의 외국 함선도 정박해 있었다. 인천 앞바다는 흡사 각국 군함의 전시장 같았다.

2월 9일 아침 7시 30분경 일본 함대 우리우 소장은 제물포항에 정박해 있던 각국 함대에 일본과 러시아 간 군사 충돌을 미리 알리는 편지를 전했다. 그 내용은 러시아 함대가 정오까지 정박지를 떠나지 않으면 오후 4시부터 일본 함대가 공격할 것이니 안전을 위해 떠날 것을 경고하는 것이었다. 싸움판에 끼어들지 말고 다들 알아서 떠나라는 것이었다. 이 편지는 그곳에 정박해 있던 대한제국 군함 '양무호'에도 전해졌다. 남의 나라 땅에 들어와서 싸움 한 판 벌일 테니 주인이고 뭐고 괜한 봉변당하지 않으려면 좋은 말할 때 떠나라는 치욕적인 장면이 연출되었다.

도발을 염려한 각국 함장은 '인천항은 중립항이어서 교전할 수 없다'는 내용의 항의서를 일본 측에 전달했지만, 일본함대는 이를 묵살했다. 오히려 러시아 측에 "정해진 시간 안에 떠나지 않으면 공격하겠다"고 최후통첩을 전했다. 러시아는 아랑곳하지 않았다. 바랴크호와 꼬레이츠호의 두 함장은 협의 끝에 교전을 감행하기로 했다. 닻을 거두고 치요다호 등 8척의 일본함대가 대기하고 있는 팔미도를 향해 항진했다.

2월 9일 오전 10시 거대한 폭발음과 동시에 하늘과 바다가 시뻘겋게 불타올랐다. 팔미도 부근에서 전투가 시작됐고, 양측 군함은 약 40분간 포격전을 벌였다. 러시아 군함들은 심한 손상을 입고 다시 소월미도 부근으로 들어와 정박했다. 14척의 일본군함이 러시아 함선을 포위했다. "항복하라." 러시아 함은 꿈적하지 않았다.

오후 4시경 다시 폭발음이 들렸다. 꼬레이츠호가 먼저 자폭하고, 5시경 바랴크호가 그 뒤를 따랐다. 전날 상하이에서 입항했던 러시아 기선 숭가리호도 자폭을 택했다. 모두 3척의 러시아 함선이 제물포항 부근에서 침몰했다. 그 과정에서 러시아 수병 30여 명이 사망했다.

함선의 폭발로 검은 연기가 부두 전체를 덮었고 장대비 같은 파편들이 만국공원(현 자유공원)을 넘어 축현역(현 동인천역) 부근까지 튀어날았다는 다소 과장된 증언도 전해온다. 흩날리는 종이가 눈처럼 떨어졌는데 그중에는 러시아 함선 군악대의 나발 악보도 있었다.

러시아 함장과 장교들은 교전 직전에 "만약 전투 상황이 불리해지면 함정을 폭파하고 어떤 경우에도 절대로 일본에 함정을 전리품으로 넘겨주지 않겠다"고 결의했다고 전해진다. 이 전투가 러일전쟁의 서막이 된 '제물포해전(Battle of Chemulpo)'이다.

예상을 깨고 일본이 세계 해군력 '넘버 투' 러시아를 인천 앞바다에서 깼다. 이렇게 할 수 있었던 것은 해군력 '넘버 원' 영국의 힘이 컸다. 그동안 일본은 강력한 해군을 발판으로 세계 제패에 성공한 영국을 본받아 대대적인 해군력 확충에 힘을 쏟았다. 10년마다 전함의 덩치를 2배로 키워냈다. 영국이 기술을 가르쳐주고 자금도 대준 덕이었다. 청일전쟁 때도 끼어들려는 러시아를 영국이 막아줬기에 일본이

러시아 함선이 자폭한 후 검은 구름이 제물포항 하늘을 뒤덮었다. 그것은 러일전쟁 러시아 패전의 암운(暗雲)이었다.
(『사진으로 보는 인천시사 ❶』, 인천광역시사편찬위원회)

마음 놓고 중국을 두들길 수 있었다.

러일전쟁의 시작이었던 제물포해전 때도 영국이 도왔다. 영국은 러시아의 발트함대가 정박할 수 있는 항구 제공과 연료인 석탄 공급을 원천 봉쇄했다. 발트함대는 어쩔 수 없이 지구 둘레의 4분의 3을 돌아 220일 만에 대마도(쓰시마) 앞바다까지 가야 했다. 링에 오르기 전, 심한 체중 감량으로 싸워볼 기력조차 없는 상태였다.

상트페테르부르크가 된 연안부두

러시아는 불리한 전세에도 불구하고 장렬하게 싸운 장병들을 국민적 영웅으로 추앙했다. 귀국한 장병들을 상트페테르부르크에 집결시켜 열렬한 환영식을 베풀고 모든 병사에게 국가훈장을 수여했다. 제정 러시아가 무너진 이후 세계대전으로 위기에 처한 스탈린 정부는 애국심을 불러일으키기 위해 제물포해전의 패잔병을 마치 러시아 목각인형 마트료시카처럼 활용했다. 꺼내고 또 꺼내서 활용했다. 국민 모두 이 사건을 역사 교과서를 통해 배우게 했으며 제물포해전과 관련한 영화를 제작하여 각 지역에서 순회 상영했다. 패잔병을 영웅화하기 위해 시를 지어 노래로 제작하였는데 그 노래는 지금까지 러시아 국민 사이에서 불리고 있다.

1990년 한국과 소련이 정식으로 수교를 맺었다. 그들은 그렇게 오고 싶었던 인천의 해상으로 한달음에 달려왔다. 이후 매년 2월 9일이면 전투 해역을 찾아 꽃을 바치고 진혼곡을 울리며 전몰 수병들의 넋을 기렸다. 1997년 2월 9일에는 '바랴크'로 명명된 최신형 순양함을 끌고 인천항에 입항해 추모 행사를 하기도 했다.

이후 러시아는 외교 경로를 통해 여러 차례 추모비와 추모공원 건립에 대한 협조를 요청해 왔다. 러시아 해군의 석탄창고가 있던 월미도 남단에 추모비를 세울 것을 한국 정부에 요구했다. 한반도 침략을 두고 벌인 전쟁을 기념하는 시설이 들어서서는 안 된다는 지역 시민 문화단체들의 강력한 견해 표명에 의해 이 계획은 수포로 돌아갔다.

해전 발발 100년 만인 2004년 전투 현장에서 가까운 연안부두 광장에 '제물포해전 추모비'를 세웠다. 추모비 제막식에는 러시아 태평양함대 사령관과 러시아 정교회 관계자 등 러시아인 300여 명이 참석

제물포해전이 발발한 지 100년 만에 인천 연안부두광장에 세워진 추모비. 러시아 수병의 모자가 바다 물결에 떠 있는 모습을 형상화했다.

했다. 추모비에는 "러시아 순양함 바랴크호와 포함 꼬레이츠호 승무원들의 희생 100주년을 기념하며 러시아 국민이 감사드립니다."라는 문구가 한글, 러시아문, 영문으로 기록됐다. 인천시는 2011년 추모비가 세워진 광장을 아예 '상트페테르부르크 광장'으로 명명했다. 제물포해전 당시 러시아 부상병들은 항구 근처에 있던 영국 성공회가 세운 '성 누가병원(낙선시 의원)'에서 치료를 받았다. 이곳은 현재 대한성공회 내동교회가 되었는데 사제관 벽면에는 러시아 국민의 감사 간판이 부착돼 있다.

바랴크 깃발 찾아 삼만 리

또다시 시곗바늘을 움직여 본다. 2009년 8월 어느 날. 인천 중구 전동의 옛 인천여고 앞. 인천문화발전연구원 이병화 이사장은 더위도 식힐 겸 커다란 은행나무 아래서 부채질하며 휴식을 취하고 있었다. 당시 연구원은 옛 인천여고 3층에 자리 잡고 있었다.

자유공원 쪽에서 외국인 한 명, 동양인 두 명이 은행나무 쪽으로 내려오다 잠시 나무 아래서 쉬어 가려는 듯 걸음을 멈췄다. 그중 동양인 여자가 연구원 간판을 가리키며 이 이사장에게 물었다. "저기는 뭐하는 뎁니까." 억양이 좀 이상했다. 이 이사장은 지역 역사, 문화와 관련된 사업을 하는 사회단체라고 대략 알려 줬다. 그러자 그녀는 "인천의 역사에 대해 좀 아십니까."라고 재차 물었다. "좀 안다"는 대답에 그녀는 바짝 다가서며 뭐 좀 물어보겠다고 했다. "혹시 러시아 바랴크

(Varyag) 함대에 대해 좀 아는 바 있습네까." "알다마다요. 인천 앞바다에서 자폭한 함선 아닙니까."

여자는 깜짝 놀라며 자신이 들은 바를 옆에 있는 외국인에게 러시아어로 전했다. 여자는 고려인이었고 외국인은 러시아인이었다. 그 답을 전해들은 러시아인도 너무 놀라 입을 다물지 못했다. 그는 국립모스크바대학교 석좌교수였다. 바랴크 유품을 찾기 위해 20년 이상 한국과 일본은 물론 대만, 싱가포르 등을 뒤졌다. 실마리가 풀릴 듯하다 번번이 길이 막혔다. 이런 상황에서 오매불망했던 배의 단초를 전혀 기대하지 않은 곳에서 들었으니 꿈인가 생시인가 했다.

"내가 그 배의 깃발과 유품들이 있는 곳을 안다"는 이 이사장의 말에 그들은 거의 자빠질 정도였다. 이 이사장은 인천시의원 시절이었던 95년 10월 시립박물관 수장고를 둘러 볼 기회가 있었다. 그때 러시아 함선의 깃발과 포탄, 각종 유품을 언뜻 접했다. 당시에는 박물관 직원들은 물론 그 자신도 그것이 그렇게 러시아인들에게 의미 있는 것인지 알지 못했다. 물론 일반인에게 공개된 적도 없었다. 공산국가와 수교하기 전에는 적성국가의 유물들을 전시할 수 없었기 때문에 그만큼 전시품으로서도 가치가 없는 것으로 판단했던 시절이다.

그들은 안달이 났다. 바로 박물관으로 가자고 했지만, 이 이사장은 이미 박물관 폐관 시간이 가까웠고 수장고는 시장의 허락이 있어야만 볼 수 있다고 설명했다. 그는 그들을 돌려보내고 시장의 허락을 급히 받아냈다. 다음 날 아침 그들은 이 이사장의 안내로 개관 시간에 맞춰 옥련동에 있는 인천시립박물관으로 달려갔다.

드디어 육중한 수장고의 문이 열렸다. 그들은 사시나무 떨 듯 유품

앞에 조용히 다가섰다. 러시아 교수는 거의 기절할 지경으로 감격했다. 펼쳐진 바랴크 깃발 앞에서 경건한 자세로 서서 하염없이 눈물을 흘렸다. 수장고 안에 있던 모든 사람이 숙연해졌다. 그렇게 그 깃발은 105여 년 만에 러시아인과 마주했고 세상에 알려지게 됐다.

세 번 침몰한 바랴크의 운명

해전을 치르고 난 후 일본 해군성은 기술자 등 120명을 제물포 앞바다에 파견해 침몰한 러시아 군함을 인양했다. 바랴크호는 그해 3월부터 바로 인양 작업에 들어갔다. 간조 시에는 함체의 3분의 2가 드러나 있었지만, 조수간만의 차가 심해 배를 끌어내는 게 쉽지 않았다. 인양작업은 조선인 하역노동자를 대거 동원하는 등 무던히 애쓴 끝에 이듬해 8월 인양에 성공했다.

그 때 바랴크의 깃발이 수거됐다. 깃발은 가로 257cm, 세로 200cm의 크기로 붉은 바탕에 검은색 천으로 러시아 해군 상징을 표식했다. 깃발과 함께 포탄, 포탄피, 총, 닻 등도 거두었다. 러시아는 빼앗기느니 지폭해 영원히 수상시킬 생각이었지만 뜻대로 되지 않았다. 일본 해군은 바랴크함을 본국으로 끌고 가서 수리한 후 종곡(宗谷)함으로 개명하고 1909년부터 1915년까지 해군사관후보생의 원양 항해훈련에 사용했다.

이 배의 기구한 운명은 여기서 멈추지 않았다. 제1차 세계대전 때 일본과 러시아는 우방국이 되었다. 바랴크함(종곡함)은 러시아에 매각

'습득문화재'로 오랫동안 인천시립박물관 수장고에 있던 바랴크함 깃발. 전쟁이 발발한 지 105년 만인 2009년에야 러시아인과 처음 마주했다. 가로 257cm 세로 200cm 크기다.
(『사진으로 보는 인천시사 ❶』, 인천광역시사편찬위원회)

인양 후 처참한 모습의 바랴크함

되었고 1916년 11월 수리하기 위해 영국 리버풀항에 도착했다. 그때 러시아혁명이 발발하는 바람에 그대로 억류되었다. 1918년 2월 리버풀 바다에 침몰했고 다시 인양된 뒤 1925년 독일 해체업자에게 팔렸다. 영국에서 독일로 가던 중 풍랑을 만나 스코틀랜드 앞바다에 가라앉았다. 그리고 영원히 수장되었다.

일본은 자폭한 꼬레이츠호도 끌어 올려 일일이 해체한 후 인천에 있는 일본인 고물상에 한꺼번에 넘겼다. 그 고물상은 탐조등 뒤쪽의 유리, 놋쇠 대포의 케이스, 소총탄 케이스 등을 소장하고 나머지 일부 부품은 주위 사람들에게 기념 선물로 주기도 했다.

현재도 인천신흥초등학교 본관 앞에 전시돼 있는 러시아 함선 포탄

승전 기념 '인천 데이' 제정

인천의 일본거류민들은 전쟁 이듬해인 1905년부터 매년 이른바 '인천해전'의 승전을 기념하기 위해 '인천 데이(Incheon day)'를 제정하고 행사를 성대하게 개최하였다. 첫날인 2월 8일 국기를 게양하고 밤에는 인천 부두와 신사 경내에 횃불과 화톳불을 환하게 켰다. 엄청나게 추웠던 1904년 그날을 기억하며 성대하고 따뜻하게 불을 붙여 일본군의 상륙을 맞이한다는 의미였다. 다음 날인 2월 9일에는 시내 상점은 모두 철시 휴업하고 서로를 축하하며 인천 신궁(현 인천여상)에서 참배했다. 이 행사에는 통감부의 고위관료, 군사령관과 고급무관, 해전 당시 참가했던 장교와 군인 등이 참석했다.

전리품으로 획득한 각 함선의 깃발, 소총과 포탄, 닻과 노 등을 인천 향토관(시립박물관의 전신)에 전시했다. 특별히 바랴크호에서 건져 올린 포탄 위에는 '바랴크호 전리품'이라는 명문을 새겨 놓기도 했다. 당시 일본인 소학교였던 인천공립심상소학교(현재 신흥초등학교)에 러시아 함대의 마스트와 포탄 3개를 전시했다. 일제는 처음에 이것을 인천부청(현 중구청) 마당에 전시했다가 주로 일본인 자녀들이 다니던 이 학교로 옮겨 놓았다. 어린 학생들에게 러일전쟁의 승전을 선전하기 위해서였다. 현재도 이 학교 본관 앞에는 그들의 '전리품'이 안내판과 함께 전시돼 있다.

인천해전을 승리로 이끈 치요다(千代田)호는 1930년 폐함되자 함선의 마스트를 서공원(현 자유공원)의 세창양행 사택(당시는 도서관) 마당에 높이 세워 놓았다. 일본인들은 그 아래에서 인천해전의 전장을

한 눈으로 내려다보며 승리를 회고했다. 어쩐 연유였는지 그 마스트
는 광복 후에도 존속되었는데 이후 6·25전쟁 때 파괴돼 철거되었다.
일제는 치요다 마스트가 세워진 이곳을 '인천 16경(景)'으로 선정해
조선을 소개하는 각종 여행 안내서에 역사적 현장으로 묘사했다. 관
공서는 주도적으로 관광단 혹은 시찰단을 조직해 이곳으로 단체 관광
시키기도 했다. 심지어 일본 내의 사람들은 인천으로 건너와서 이곳
을 참관하며 전쟁의 기억을 되새김질하고 돌아갔다. 당시 관광지 현
장에서 판매했던 자폭히는 리시아 힘대의 모습을 담은 사신엽서는 지
금도 일본에서 유통되고 있다.

　이후 일제는 패전으로 항복하며 서둘러 가느라 깃발 등 전리품들
을 미처 챙겨 가지 못했다. 광복 후 미군정청에서 이를 몰수했다가

| 치료를 받고 있는 러시아 병사들과 일본인 간호사들 (『사진으로 보는 인천시사 ❶』, 인천광역시사편찬위원회)

1946년 인천시립박물관이 개관하자 넘겨주었다. 그렇게 깃발은 무관심 속에 어두운 수장고에서 60년 넘게 빛을 보지 못했다.

러시아는 안달이 났다. 애국심의 상징인 그 깃발을 귀환시키기 위해 모든 수단을 마련했다. 인천시는 2010년 11월 2년 기간으로 상트페테르부르크에 있는 러시아 중앙해군박물관에 '대여' 했다. 이 깃발은 중앙해군박물관 이외에도 모스크바와 크론슈타트 등 러시아 해군관련 주요 도시에서 순회 전시했다. 귀환한 깃발을 보기 위해 러시아인들은 길게 줄을 섰다. 인천시는 한 차례 연장 대여했다. 2014년 11월 9일 바랴크함 깃발은 4년의 짧은 귀향을 마치고 다시 전장(戰場) 인천으로 되돌아왔다.

1918년 일제가 건설한 축항에 정박한 외국 선박들. 이를 물끄러미 바라보고 있는 제물포의 지게꾼. 개항기 우리는 비어 있는
지게처럼 참담하게 빈궁했다. (『사진으로 보는 인천시사 ❶』, 인천광역시사편찬위원회)

조선의 '머스트 해브' 군함

개항 전후 조선의 바닷길은 수난과 고통의 통로였다. 서양과 일본의 화륜선들이 조선 바다를 제집 앞마당처럼 출입했다. 집채만 한 파도에도 끄떡없는 몸집과 까마득한 거리에도 목표물을 척척 쏘아 맞히는 대포를 장착한 거대한 화륜선들은 두려움의 대상이자 동경의 대상이었다. 조선은 자국기를 마스트에 휘날리며 개항장 제물포항에 정박해 있는 외국 함선들을 보며 한없이 주눅 들었다. "우리도 군함을 갖고 싶다." 당시 조선의 처지로 군함을 갖는다는 건 현재 한국이 핵추진 항공모함을 보유하는 것과 별반 다를 게 없었다.

고종의 아버지 흥선대원군은 이런 욕구를 실천에 옮겼다. 신형 함선을 만들기 위해 침몰한 서양 배를 끌어온 후 팔도의 장인들을 끌어 모아 많은 돈을 들여 겉모습이 비슷한 배를 만들었다. 노량진 앞에서 이 배를 시험했지만 한 시간여 동안 가동해도 열 보를 넘기지 못했다. 고종은 개화사상에 불타오르는 젊은 승려 이동인을 몰래 불렀다. 왕실의 비자금을 주며 일본에 가서 군함을 구해 올 것을 밀명했지만, 그가 수구파가 보낸 자객에게 암살당함으로써 고종의 계획은 물거품 된다.

신용불량자 조선의 군함 구매

　　바다를 통한 부국강병의 꿈은 꺾이지 않았다. 조선 정부는 해안을 방비하기 위해 근대식 해군과 순양함이 필요했다. 영국을 비롯한 서구 선진국에 근대 문명의 상징인 증기선식 군함을 제공해 줄 것을 수차 요청했다. 그러나 해군편제와 구입예산이 전혀 준비되지 않은 상태의 요청은 서구인의 사고방식으로는 허무맹랑한 이야기로밖에 들리지 않았다.

　조선 정부는 인천에 있는 독일계 무역상사 세창양행의 차관 제공으로 중고화물선을 들여왔지만, 원리금을 제때 상환하지 못해 외교분쟁을 일으킨 전력이 있다. 이와 관련한 조선 정부의 공문이 있다. '상고하건대, 본국(조선)과 덕국(德國 독일) 세창양행이 전후로 구매한 윤선의 대금을 자금이 모자라 상환하지 못하였고, 이자는 눈덩이처럼 불어나 이를 해결하기가 매우 어려워 정부의 걱정거리가 되었다. 이에 내무협판 이선득이 명령을 받고 이를 조사하여 처리하기 위해 이미 해당 상인 화이덕(華爾德)과 장부를 면밀하게 검토하였다. 1887年 4월부터 올해 3월까지 원금과 이자의 합계 125,400원 4각(角) 7선(仙)을 18개월로 나누어서 싱환하여 상부를 청산하기로 하였다. 이에 본 아문에서 임금께 아뢰고 교지를 받들어, 해당 대금을 삼항(三港)의 세금 중에서 매월 나누어 상환하라는 처분을 받았다. 이를 받들어 귀 감리는 해당 대금을 올해 6월부터 1892년 10월까지 매달 3,000원씩을 인천항의 세금 중에서 우선 기한 내에 발급하여, 참으로 나라에서 걱정하는 일을 해결하라. 삼가 이를 준수하여 처리하고 지연하여 착

오가 생기지 않게 하라.'

군함 구매 대행을 의뢰받은 외국 무역상은 인천에 있는 세창양행
이었다. 세창양행은 독일 함부르크에 본사를 둔 무역상사다. 홍콩의
'동양 본부'와 함께 중국의 상해, 천진, 그리고 일본의 고베에 지점을
갖춘, 요즈음으로 말하면 '글로벌 기업'이었다. 세창양행은 단순한 무
역회사가 아니라 독일의 외교부 역할까지 했던 것으로 보인다.

이 무역상은 돈 되는 것은 뭐든지 거래하는 '종합상사'였다. 한성주
보 1886년 2월 22일 자에 '덕상 세창양행 고백'이란 제목으로 한국
최초의 상업광고를 실었다. "알릴 것은 저희 세창양행이 조선에서 개
업하여 호랑이·수달피·검은담비·흰 담비·소·말·여우·개 등 각종

| 군함에서 바늘 까지 수입해 팔았던 독일 무역상 세창양행 (『사진으로 보는 인천시사 ❶』, 인천광역시사편찬위원회)

가죽과 사람의 머리카락, 소·말·돼지의 갈기털, 꼬리, 뿔, 발톱, 조개와 소라, 담배, 종이, 오배자, 옛 동전 등 여러 가지 물건을 사들이고 있습니다. (…) 독일상사 세창양행이 조선에서 개업하여 외국에서 자명종 시계, 들여다보는 풍경, 뮤직박스, 호박, 유리, 각종 램프, 서양 단추, 각종 서양 직물, 서양 천을 비롯해 염색한 옷과 선명한 염료, 서양 바늘, 서양 실, 성냥 등 여러 가지 물건을 수입하여 물품의 구색을 맞추어 공정한 가격으로 팔고 있으니 모든 손님과 상인은 찾아와 주시기 바랍니다. (…) 아이나 노인이 온다 해도 속이지 않을 것입니다. 바라건대 저희 세창양행의 상표를 확인하시면 거의 잘못이 없을 것입니다."

세창의 양침 '완판 신화'

세창이 수입한 물건들은 조선 땅에서 단연 인기였다. 특히 양침(洋針)이라 불린 '세창바늘'은 내놓으면 '완판'되는, 오늘날로 치면 '베스트셀러' 상품이었다. 서양 옷감이 도입되자 투박한 조선 바늘로는 바느질하기가 매우 불편했다. 날렵하고 단단한 독일제 바늘은 부녀자들 사이에서 인기가 많았다. 바늘이 부러져 '오호 통재라'고 외치던 조선 시대 부인의 조침문을 더는 기억하지 않아도 되었다.

바늘의 인기가 좋다 보니 1900년대부터는 조잡한 '짝퉁'이 나돌기도 했다. 세창양행은 1924년 8월 1일부터 나흘 연속으로 조선일보에 광고했다. '부덕(不德)한 상인들에게. 본년 8월 21일까지 시장에 재

조선의 부인들에게 큰 인기를 끈 세창 바늘 (인천시립박물관 소장)

(在)한 위조바늘 전부를 회수하야 각자 자기의 상표를 밧구어 부치라. 가짜가 또 발견되면 단호한 조치를 취하겠다.'

또 다른 세창의 인기 상품은 의약품 '금계랍(金鷄蠟)'이었다. 말라리아(학질) 치료제인 이 제품의 원래 이름은 키니네(kinine)다. 독립신문에만 무려 600여 차례의 광고가 실릴 만큼 선풍적인 인기를 끌었다. 당시에는 만병통치약으로 통해 해열제, 강장제, 위장약으로도 쓰였다. 강한 쓴맛으로 '젖 떼는 약'으로도 사용됐다. "우두법이 나오자 어린 아이가 잘 자라고, 금계랍이 들어오자 노인들이 명대로 살게 되었네"라는 노래가 유행할 정도였다.

세창양행은 1883년 인천이 개항되자마자 제물포 지점 설치를 서둘렀다. 1884년 독일 본사에서는 칼 볼터(C.Wolter) 지사장을 비롯한 직원 세 사람을 제물포항에 파견하는 등 발 빠르게 대처했다. 그들의 숙소는 응봉산(현 자유공원) 정상에 건립되었다. 빨간색 서양식 기와, 아

세창양행 사택이 있던 자리에 세워진 맥아더 동상 (홍승훈 사진)

치형의 네모기둥으로 장식한 테라스 등으로 빼어난 건축미를 자랑했다. 내부에는 사무실, 응접실, 침실, 부엌, 식당, 오락실 등을 갖추고 있었다. 전통적 조선 주택과는 외향이 전혀 달랐던 이 건물은 우리나라 최초의 양관(洋館)으로 기록된다. 1899년 6월 19일 독일 황제 빌헬름 2세의 동생 하인리히 친왕이 조선에 왔을 때 이 집에서 환영 파티가 열렸다. 제물포항의 랜드마크였던 세창양행 사택은 인천상륙작전 당시 함포에 맞아 흔적도 없이 사리졌다. 1957년 9월 15일 인천상륙작전 7주년을 맞아 그 자리에 맥아더 장군의 동상이 세워졌다.

기억 속에서 사라졌던 '칼 볼터'의 이름이 100만에 다시 이 땅에서 불렸다. 김홍도가 그린 것으로 추정되는 10폭 병풍 '해상군선도'가 2013년 경매 시장에 나와 6억 6000만 원에 낙찰되었다. 1905년 을사늑약으로 한국이 외교권을 박탈당하자 볼터 가족은 1908년 독일로 돌아가게 되었다. 볼터의 딸 쌍둥이 자매는 순종의 소꿉친구였을 만큼 고종과 친밀한 관계였다. 1898년 독일 황제 동생 하인리히 친왕이 고종 황제를 알현할 때 볼터가 수행하기도 했다. 고종황제는 을사늑약 전후로 독일은행에 비자금 100만 마르크를 맡겼다. 이때 볼터가 어떠한 형태로든 역할을 했을 것으로 추측된다. 이들의 귀국을 아쉬워하던 고종은 가족에게 이 병풍을 하사했다. '해상군선도'를 물려받았던 쌍둥이 동생 마리온 볼터의 후손들이 경매에 내놓음으로써 100년 만에 우리나라에 귀환하게 되었다.

군함 대신 해군 병력 양성

영국은 조선에 군함을 제공하면 돈을 떼일지 모른다는 의구심을 갖고 있었다. 조선 정부는 1891년 평안도 일대 금광채굴권을 담보로 영국에 군함 제공을 요청했지만 영국의 무응답으로 근대식 군함 도입은 좌절되었다.

조선의 사정을 훤히 꿰뚫고 있던 영국은 주한 영국 총영사 힐리러(W.C Hillier)를 통해 조선 정부가 먼저 착수해야 할 일은 군함 보유가 아닌 인재 양성이라고 설득했다. 조선은 근대식 해군 병력을 양성할 군사학교를 설립하기로 했다. 적정한 장소를 물색한 끝에 강화도 갑곶리를 택했다. 갑곶리는 제물포와 마포 간 증기 여객선의 운항로 길목이자 서울을 비롯한 각지를 연결하는 교통 요충지였다.

영국 퇴역 장교의 지도 아래 사격 자세 훈련을 받고 있는 조선수사해방학당 생도들
(『사진으로 보는 인천시사 ❶』, 인천광역시사편찬위원회)

1893년 3월 중국과 영국의 영향 하에 있는 인천해관으로부터 자금을 받아 강화도 갑곶진에 조선수사해방학당(일명 통제영학당) 교사를 신축한다. 당시 조선주재 영국인들은 이 학당을 'Royal Naval Academy(왕립해군사관학교)'로 불렀다. 이것이 우리나라에서 처음 발족한 근대식 해군 군사교육기관으로 대한민국 해관사관학교의 뿌리다.

학당은 생도의 수업을 담당했던 학교 본관 구역과 교관, 생도들이 생활했던 기숙사 구역으로 구분돼 있었다. 본관은 서양식 외관을 하고 있었고 기숙사 구역은 본관으로부터 300m 떨어진 언덕(현재의 천주교성지)에 자리했다.

조선 정부는 18세에서 26세 사이의 젊은 청년 50명을 상급반으로 편성했다. 먼저 교장 자격을 갖춘 영국인 허치슨이 영어 교육을 시작했다. 이듬해 4월경 영국 해군 군사 교관이 강화도에 도착했다. 군사학, 항해학, 포술학 등을 담당할 영국인 예비역 해군 대위 코엘과 하사관 출신 커티스다. 둘은 부인과 함께 부임했고, 강화부 동문 안에 사방이 감나무로 둘러싸인 마당이 넓은 조선식 주택을 직접 구입해 마련했다. 코엘 대위 부부가 안채 기와집에 거주하고, 사랑채 초가집에는 커티스 하사관 부부가 살며 집 주위에 직접 채소를 재배했다. 이 주택은 강화도에서 처음으로 외국인이 거주한 역사를 남기게 된다. 교관들은 말을 타고 10리 길을 출퇴근했다. 그들은 멀리서도 볼 수 있게 해군사관학교에 돛대를 세웠다.

청일 전쟁 후 사관학교 폐교

영국 교관들은 조선 정부의 무관심 속에 급료를 제때 받지 못해 생활이 매우 궁핍했다. 그들은 당시 영국 성공회 교구장이었던 코르페 주교와 강화 성공회 워너 신부의 도움을 받은 것으로 전해진다. 벽지에 떨어져 지내던 코웰 대위와 커티스 하사관은 가끔 제물포로 건너와 인천해관에 근무하는 영국인들과 교류했다. 그들을 통해 종종 조선의 사정과 외부 세계에 대한 소식을 전해 듣기도 했다.

군사교육이 시작된 지 3개월 만인 그해 7월 청일전쟁이 발발했다. 전쟁에서 이긴 일본은 조선 젊은이들이 영국 교관들에게 해군 훈련을 받는다는 사실을 못마땅하게 여겼다. 겉으로는 육군 제도가 확립돼 있지 못한 마당에 해군 양성에 먼저 착수하면 안 된다는 이유를 들어 노골적으로 방해했다. 인천 주재 일본인 영사는 영국교관과 학교의 동정을 기밀문서를 통해 수시로 본국에 보고했다.

국내·외의 정국이 불안해짐에 따라 학교의 운영이 곤란해졌다. 11월 영어 교사 허치슨은 생도 중 자신을 따르는 다수의 학생을 데리고 서울 한성영어학교로 갔고, 나머지 대부분은 육군으로 전군 했다. 이로 인해 강화도 해군사관학교는 사실상 폐쇄되었다.

영국 교관들은 2년 계약 기간이 만료되고 조선 정부를 위해 할 일도 더 이상 없게 되자 자신들이 살던 한옥을 영국 성공회에 16파운드에 팔고 영국으로 귀국했다. 이 건물은 성공회 강화선교본부로 사용하다가 1914년에 성공회 신학원(성공회대학 전신)이 설치되며 종교적으로도 유서 깊은 건물이 된다.

고철 덩어리 '양무호'

고종은 몇 년 후 군함 도입을 다시 결정했다. 1903년 4월 15일 포 4문과 기관포 2문을 좌우에 각각 장착한 군함 한 척이 제물포항에 닻을 내렸다. 우리나라 최초의 근대식 군함인 '양무호'였다. 해군사관학교가 폐쇄된 지 8년 만의 일이다. 비록 근대식 해군 양성에는 실패했지만 고종은 군함 보유의 꿈을 접지 않았다. 이 배는 3,400여 t급으로 당시 기준으로 볼 때 상당히 큰 축에 속했다. '나라의 힘을 키운다'는 뜻의 '양무호(揚武號)'라는 이름을 얻는다.

| '양무호' 다음 1904년 도입한 군함 광제호. 이 배의 함장은 우리나라 최초의 함장 신순범이었다. 선미의 태극기는 신 함장이 보관하고 있다가 후손들에게 의해 기증돼 현재 인천개항박물관에 전시되어 있다.
(『사진으로 보는 인천시사 ❶』, 인천광역시사편찬위원회)

한국 최초의 군함 양무호에는 기울어진 국운의 역사가 담겨 있다. 그 배의 '일생'은 대한제국 곡절의 축소판이었다. 이 배는 본래 군함이 아닌 영국 상선이던 것을 일본이 인수해 석탄 운반선으로 사용하던 배였다. 미쓰이물산이 25만 원에 사서 9년 동안 부려먹은 이 선박을 대한제국이 55만 원(요즘 시세로 약 4백 40억 원)에 샀다. 당시 국방 예산의 30%에 달하는 거금이었다. 1903년 6월 1일자 황성신문은 "한 명의 수병도 없는 상황에서 군함을 사들여 재정을 낭비했다"고 비판했다. 독일 신문도 이를 크게 보도해 국제적인 조롱거리가 되었다.

이 배는 영국으로부터 도입할 당시부터 문제투성이였다. 석탄 소모량에 비해 성능이 턱없이 부실한 기관의 잦은 고장이 큰 골칫덩어리였다. 대한제국은 이 고철 덩어리를 엄청난 '바가지'를 쓰고 산 것이다. 군함으로 개조하면서 막대한 선체 수리비가 들었고, 청일전쟁 때 썼던 일본 구식 군함에서 대포를 뜯어다가 장착하는 무장 설치비가 추가로 들었다. 일제는 최종 인도 때까지의 연체 이자와 보관료까지 덧붙였다. 덤터기를 씌워도 이만저만한 게 아닐 수 없었다.

문제는 여기서 그치지 않았다. 인천에 닻을 내린 이후 양무호 구매 대금을 지급하지 못해 4개월여 동안 일본 군함에 의해 제물포항에 억류되는 수모를 당하다가, 그해 8월 22일 시험 운전을 거쳐 우리 군함으로 정식 등록됐다. 막상 군함이랍시고 들여놓았지만 이를 운용할 마땅한 인력조차 없었다. 무엇보다 하루에 43t의 석탄을 땔 연료비 등 막대한 운항 비용을 감당할 여력이 없다 보니 툭하면 항구에 매어놓기 일쑤였다.

제물포항에 떠 있던 양무호는 1904년 제물포해전(러일전쟁)이 발발하자 일본군에 의해 사전 통보 없이 징발되었다. 제멋대로 배를 끌고 가서 첩보함으로 사용했으며 전쟁 후엔 화물선으로 개조했다. 양무호는 일본에 의해 임의로 무장이 해제된 채 2년만인 1905년 7월 인천항으로 다시 돌아오는 비운을 맞았다.

한국에 돌아온 양무호는 화물선으로 이용하기에는 덩치가 너무 컸다. 싣고 다닐 만한 화물도 없어 처치 곤란 상태로 있다가 1907년 무렵 부산항으로 옮겨져 해원양성소 실습선으로 활용되었다. 결국 1909년에 고작 4만 2천 엔의 헐값으로 일본 하라다상회(原田商會)에 처분된다. 이 배는 1916년 철광석을 적재하고 싱가포르로 운항하던 중 동지나해에서 침몰하면서 한 많은 생애를 마친다.

송도, 일제 주력함의 이름

일본 해군은 이른바 '3경함(三景艦)'을 보유하고 있었다. '일본의 3경(三景)'은 미야기현의 '송도(松島)', 교토의 '교립(橋立)' 그리고 히로시마의 '엄도(嚴島)'를 일컫는다. 일본 해군은 그 이름을 딴 순양함 3척을 취항시켜 이른바 '3경함'이라 불렀다.

그중 1892년 프랑스에서 건조한 '송도함'은 동학농민운동 이후 인천항을 수시로 드나들었다. 청일전쟁과 러일전쟁 때 주력함으로 참전했다. 1908년 4월 대만 해상에서 선내 폭약고 폭발로 침몰해 370명 중 207명이 사망했다. 현재 나가사키의 해군묘지에 이들의 추념비가 세워져 있다.

일제는 1936년 인천의 76개 동명을 일본식 '정명(町名)'으로 강제 개칭했다. 그중 13개 동명을 일본의 군함 이름으로 바꾸었다. 지금의 서구 백석동은 을해왜요를 일으킨 '운양호(雲揚號)'의 이름을 가져와 운양정(雲揚町)으로 바꾸었고 중구 전동은 러일전쟁 당시 일본군 병참 부 사령관 야마네(山根)의 이름을 빌려 산근정(山根町)이라고 칭했다.

특히 지금의 연구수 옥련동을 송도정(松島町)으로 명명한다. 청국, 러시아와 해전을 벌일 때 앞장서 혁혁한 공을 세운 '송도함'에서 따온 것이다. 예로부터 일본은 우리의 '독도' 즉, 일본이 일컫는 '다케시마 (竹島)'를 '나무가 많고 아름다운 섬'이라 해 '송도(마츠시마)'라고 불렀 다. 80년이 지난 오늘, 부국강병을 꿈꾸며 해군사관학교의 씨앗이 뿌 려진 인천에 제집 드나들던 일제의 송도함은 '송도국제도시'라는 명 칭으로 다시 부활했다. 일제가 이 땅에 박아 놓은 굳건한 쇠말뚝이다.

청일전쟁, 러일전쟁에서 혁혁한 공로를 세운 일본 송도함 (조우성 제공)

인기 관광 상품 '군함관람'

대한제국이 양무호를 도입할 당시 일본 해군은 그리 강한 편이 아니었다. 1894년 청일전쟁이 발발했을 때는 세계 수준의 전함이 한 척도 없었다. 그러나 10년 후는 달랐다. 1904년 러일전쟁 때는 세계 수준의 전함 6척, 장갑순양함 6척을 주축으로 해 총 152척, 26만 t의 함정을 보유하게 됐다. 이후 일본 해군은 계속해서 주력함을 늘려나갔다. 그 결과 1921년 워싱턴 군축회의에서 일본은 영국과 미국에 이어 세계 3위의 해군력을 인정받았다.

일제는 자신들의 강한 해군력과 과학기술을 자랑하고 식민지 조선에 위압감을 주기위해 '군함관람(軍艦觀覽)'이란 특이한 관광 상품을 만든다. 인천항에 정박 중인 일본해군 소속 군함에 승선하여 그 시설을 둘러보는 것이다. 서울을 비롯해 각 지역에서 희망자를 모집하여 경인선 열차를 타고 인천항에 와서 군함을 관람하게 했다.

1901년 8월 3일 일본 왕족과 함대사령관 등 19명이 고종을 알현했다. 궁내부에서는 이들을 위해 성대하게 연회를 베풀었다. 이튿날 일본인들은 그 답례로 조선의 각부 대신을 인천항에 정박한 군함으로 초청해 관람케 했다. 관광을 핑계 삼은 과시와 협박이었지만 이것이 군함관람의 시초가 되었다. 1910년 10월 경성 보성중학교 학생 70여 명이 수학여행 차 경인열차편으로 인천에 와서 군함을 구경했다. 1912년 1월에도 경성의 8개 보통학교 4학년생 350명이 군함관람의 여행길에 올랐다.

1924년 3월 군함 6척이 인천에 입항했는데, 당시로는 획기적인 기술이라고 할 수 있는 비행기 수상 착발과 대포 조종 등을 관람할 수 있다고 대대적으로 홍보했다. 경성의 공립소학교와 공립보통학교 교원·학생 수천 명이 경인열차편으로 인천에 왔다. 관람하는 그들을 위해 비행기가 50m 저공비행하기도 해 큰 환호를 받기도 했다. 이듬해 1월에는 사상 최대의 대규모 군함 관람이 이뤄졌다. 수뢰함, 전투함, 순양함, 구축함 등 30여 척의 군함이 팔미도와 월미도 인근에 집결하여 마치 큰 해전이 벌어진 것처럼 착각할 정도였다.

군함관람 기간 중 인천은 관광 특수를 누려 매번 인파로 북적였다. 시내에서 자동차와 자전거가 부딪치는 사고가 일어나자 "원인은 군함 구경꾼이 많아서 길이 혼잡하야 그리된 것이라더라"는 신문 기사가 날 정도였다. 1937년 일본이 중일전쟁을 일으키며 전시 체제로 전환되자 군함관람도 서서히 제한됐다.

군함관람과 연계한 또 다른 관광상품이 수족관 관람이었다. '인천수족관'은 1915년 8월 20일 축항 부근의 매립지에 건립되었다. 수족관 내부에 설치한 총 22개의 대형 수조(풀)에는 수백 종의 진귀한 해양 동물이 전시되었다. 야외의 커다란 연못에는 대형 어류를 전시했다. 인천수족관은 당시로써는 조선 팔도 어디에서도 볼 수 없는 굉장한 해양관광 시설이었다. 수족관 관람을 위해 전국 각지의 관광객이 인천으로 몰려들었다. 관람객들을 안내하기 위해 축현역(동인천역)과 인천역에 70여 명의 안내원이 배치되었다.

인천수족관이 개관한 며칠 뒤에 희한한 사건이 일어났다. 인천 앞바다에서 큰 고래 한 마리가 마치 수족관의 개관을 기다렸다는 듯 어부의 그물에 걸려들었다. 산 채로 잡힌 이 고래는 인천수족관 연못에 넣어져 전시되었다. 당연히 고래는 그날부터 수족관 최고의 명물이 되었다.

제물포 주민들이 항구에 정박한 군함들을 바라보고 있다.

자, 떠나자 고래 잡으러 인천 바다로

인천 앞바다에서 고래가 잡힌 게 이상하게 들릴지 모르지만 우리나라 포경(捕鯨) 역사에서 서해의 인천광역시 옹진군 대청도를 빼놓고 얘기할 수 없다. 조선에서 상업적 고래잡이 포경업이 논의되기 시작한 것은 갑신정변의 주역 김옥균에 의해서다. 그는 1882년 수신사 고문으로 일본에 가 있다가 나가사키에서 포경업이 성행하는 것을 목격한다. 그곳에서는 고래를 대량으로 잡아 훌륭한 양식으로 삼았고 석유 대용 기름과 양초, 윤활유 등 수백 가지의 공산품을 만들어냈다. 그는 조선 연안에도 고래가 많다는 것에 착안해 포경업을 새로운 부국강병의 한 방안으로 생각했다. 그러나 이 계획은 갑신정변의 실패와 함께 수포로 돌아갔다.

1920년대 말까지 옹진군(당시는 황해도) 대청도에는 고래 파시가 형성됐다. 고래잡이배들이 안전하게 정박할 수 있는 방파제와 선착장이 만들어지는 등 대청도 선진포에 어업기지가 건설되었다. 매년 포경선 대여섯 척이 대청도 선진포에서 출항했는데, 서양인 전문 포수를 고용한 포경선도 3척이나 되었다고 한다. 특히 11월에서 4월까지의 포경기에는 120~150명의 일본인과 조선인이 대청도로 들어왔고, 이들과 함께 웃음과 몸을 파는 게이샤들도 따라 들어왔다.

일본포경협회 통계부에 의하면 1926년 조선에서 참고래(Right Whale) 122마리를 포획했는데 대청도에서 60마리를 잡았다는 기록이 있다. 지구상의 생물체 중 가장 몸집이 크다는 대왕고래(Blue Whale)도 주로 대청도 인근에서만 잡혔다. 그만큼 대청도는 우리나라 포경업에서 큰 비중을 차지했다.

1920년대 참고래 가격은 1마리에 최소 5,000원으로, 당시 쌀 300가마에 해당하는 거액이었다. 선장은 고래 한 마리를 잡으면 선원 열두 명의 1년 치 임금과 배 기름 값을 제하고도 커다란 돈 꾸러미를 어깨에 메고 집에 돌아갈 정도였다고 한다. 예나 지금이나 고래는 '바다의 로또'였다.

흉어기일지라도 전국 고래 포획량의 20% 가량을 차지했던 대청도의 어획량은 30년대 중반부터는 10% 아래로 급격하게 떨어졌다. 숫자만 떨어진 것이 아니라 가격도 절반 가까이 떨어졌다. 남획으로 인한 어획량 감소뿐만 아니라 석유개발과 세계 공황의 여파로 고래 수요까지 떨어졌기 때문이다. 대청도의 포경업도 된서리를 맞았고, 결국 포경회사는 주력 기지를 대청도에서 대흑산도로 옮겼다. 대청도의 고래 이야기는 이제 송창식의 노래처럼 '신화'로만 남아 역사책에서나 몇 줄 볼 수 있게 되었다.

| 한 때 '아까사끼'라고 불렸던 만석동 괭이부리말

잠수함 만든 동네 괭이부리말

　　쌍둥이 자매 숙자와 숙희의 엄마는 가출했다.
부모에게 버림받은 동준과 동수 형제도 쌍둥이 자매와
같은 처지였다. 그들 모두 '괭이부리말'에 산다. 이곳이
고향인 청년 영호는 어머니가 돌아가시고 홀로 남게 되
었는데, 버려진 이 아이들을 보살피며 새로운 삶을 꿈꾼
다. 비행을 일삼는 동수는 이런 영호에게 쉽게 마음을 열
려고 하지 않는다. 숙자와 숙희 자매의 엄마는 동생을 임
신한 채 집으로 돌아오지만, 부두에 일을 나간 아버지는
사고로 죽게 된다.

　아이들은 영호의 집에서 함께 놀고 공부하지만, 그들
에게서 희망은 점점 멀어져만 간다. 영호는 초등학교 동
창이자 초등학교 교사인 명희에게 도움을 청한다. 명희
는 가난한 삶을 떠올리며 싫다고 거절하지만, 결국 영호
와 뜻을 함께하며 괭이부리말 아이들을 보살핀다. 학교
를 그만둔 동수는 야간학교에 들어가고 저녁에는 공장에
서 일한다. 공장의 높다란 천장에 생긴 구멍으로 맑은 햇
살이 쏟아져 들어오고, 그 아래 선 그의 뺨 위로 눈부신
햇살이 쏟아져 내린다. 동수는 걸레를 들고 기계를 닦으

며 자기도 모르게 노래를 흥얼거렸다. "봄, 봄, 봄, 봄, 봄이 왔어요……" 소설 〈괭이부리말 아이들〉은 희망을 노래하며 끝맺는다.

이 작품은 1987년부터 만석동 괭이부리말에서 살며 지역 운동을 했던 김중미 작가의 소설이다. 2002년 MBC 방송 프로그램 〈느낌표〉에서 국민 필독서로 선정되면서 독자들에게 큰 사랑을 받았다.

곡식 1만석을 쌓아놓은 만석동

'괭이부리말'은 6·25 전쟁 후 피난민이 모여 살며 형성된 만석동 달동네의 옛 지명이다. 지금은 내비게이션에도 나오지 않는 잊힌 지명이지만, 만석동 앞바다 쪽으로 튀어나온 갑(岬)이다. 이곳을 예부터 '괭이부리(묘도·猫島)'라고 불렀다. 돌무더기로 이루어진 작은 섬 묘도는 물이 빠지면 뭍과 연결되곤 했다. 병인양요 직후 이 섬에 해안 방어를 위해 포 5좌와 탄약고 등을 갖춘 묘도포대가 설치되었다. 이후 1940년대 일본인들이 만석동 일대를 매립할 때 완전히 깎이며 육지가 되었다.

묘도에는 호랑이와 얽힌 재미있는 전설이 전해진다. 옛날 그곳은 산림이 울창한 외진 곳이었다. 어느 화창한 봄날 부녀자 너덧 명이 나물을 캐러 그곳으로 건너갔다. 작은 굴이 있어서 자세히 보니 그 안에 호랑이 새끼 세 마리가 옹기종기 모여 있었다. 그들은 새끼 호랑이들을 신기한 듯 정신없이 지켜보았다. "어흥" 갑자기 뒤쪽에서 어미 호랑이가 나타났다. 부녀자들은 혼비백산해 바구니를 내동댕이치고 집으로 도망쳤다. 다음 날 아침에 보니 마을 앞에 나물바구니가 놓여 있었다. 호랑이가 제 새끼를 해치지 않은 것에 대한 고마움의 표시로 그들의 바구니를 물어 놓고 갔다는 이야기다.

'괭이부리말'의 행정명 '만석동(萬石洞)'은 세곡과 관련 있다. 옛날 삼남 지방(충청도, 전라도, 경상도)에서 나라에 바치는 벼, 보리, 콩 등 현물세 곡식을 쌓아두던 조창이 만석동에 있었다. 조창에 보관했던 세곡은 조정의 수급 계획에 따라 한양으로 운반됐다. 세곡선은 만석동을 출발해 강화, 김포를 거쳐 한강으로 올라가 용산에 곡식을 쌓아뒀다. 만약 지정 기일 내에 곡식을 납부하지 않으면, 고을 사또가 문책을 당했다. 이를 두려워한 원거리 고을에서는 미리 세곡을 운반해 와서 이곳, 만석동에 야적해야만 했다. 그 수량이 1만 석이나 된다고 하여 만석동이라고 부르게 되었다.

팔경원 단골손님, 이또히로부미

1900년대 초 조창의 기능을 다한 만석동은 한적한 조선인 어촌이 되었다. 이후 이곳은 매립과 산업시설 유치 등을 통해 새롭게 개발된다. 지금으로 얘기하면 '신도시'로 조성된다. 그즈음 응봉산(자유공원) 너머 일본지계는 비좁았다. 일본 각지에서 건너오는 일본인으로 넘쳐났다. 그들은 만석동으로 눈을 돌렸다. 일제는 이곳의 갯벌을 대대적으로 메우고 산업단지와 위락시설을 유치해 그들의 신천지로 만드는 계획을 실행했다. 이때 호랑이 전설을 품은 괭이부리섬(묘도)

| 만석동 묘도유곽의 모델인 된 화개동의 부도유곽 입구. 맥주 광고 간판이 이채롭다.
(『사진으로 보는 인천시사 ❶』, 인천광역시사편찬위원회)

은 깡그리 파헤쳐져 지도에서 사라졌고, 매립된 그곳은 '아카사키'라
는 왜색풍의 이름이 붙는다.

　매립을 주도한 이는 일본인 사업가 이나다(稻田)였다. 그는 1906년
9월 만석동 앞의 갯벌 매립공사를 끝냈다. 개항 이전 조선인 배들이
정박했던 만석동과 북성포(인천역 뒤편 부근) 사이를 메워 약 50만㎡
(15만 평)의 새로운 땅으로 만들었다. 1906년 9월 30일 거행된 매립
지 준공식에는 경인지역 주요 일본인 5백여 명을 초대해 위세를 과시
하였다.

　이나다는 조선인 집들을 몰아내고 정미소와 간장 공장 등을 유치
했다. 그러나 거기까지였다. 더는 공장이 들어오지 않았다. 매립으로
한몫 단단히 챙기려 했던 그는 재정적으로 큰 타격을 입었다. 고심 끝
에 내놓은 방안은 유흥업소 유치였다. 당시 화개동(지금의 신흥동)에

있던 공창촌 부도유곽을 본떠 홍등가 '묘도유곽'을 만들겠다는 게 복안이었다. 일부에서 반대 의견이 나왔다. 만석동은 장차 인천항의 현관이 될 것이니 유곽을 설치하면 인천항의 면목이 손상될 거라는 게 이유였다. 홍등 걸리는 것이 잠시 주춤할 수밖에 없었다. 하지만 1908년 11월부터 시내 일부 일본 요리점과 음식점이 비싼 임대료 탓에 이 지역으로 모여들기 시작했고, 그 추세가 점점 늘어나 1911년 4월 묘도유곽은 정식 인가받게 되었다.

유곽은 성매매 업소를 모아 놓은 공간으로 일종의 집창촌이다. 1902년 화개동 일대 색주가 17곳이 공동 출자해 '부도루(敷島樓)'라는 이름으로 개업한 것이 인천 유곽의 시초다. 부도루는 때마침 1904년 발발한 러일전쟁으로 많은 일본군이 인천에 주둔하며 호황을 맞이했다. 업소가 하나둘 늘어나며 지금의 신흥시장 입구에 유곽이 형성되었다. 그때부터 이곳을 부도유곽(敷島遊廓)이라 불렀다. 이 유곽이 만석동 묘도유곽의 모델이었다. 부도유곽은 광복 후 공창제가 폐지되며 암암리에 사창으로 운영되다, 1960년대 초 숭의동으로 이전됐다. 그곳이 바로 '옐로우하우스'다.

매립지 안 묘도 가는 길, 전망 좋은 구릉지에 2층짜리 '팔경원(八景園)'이 건립되었다. 예닐곱 채의 객실과 고급 음식점, 해수탕을 갖춘 위락시설이었다. 팔경원은 '근강팔경(近江八景)'에서 유래된 이름이었다. 인천팔경(八景)은 영종귀범(永宗歸帆) 영종도를 도는 범선, 화도청풍(花島晴風) 화도의 맑은 아지랑이, 월미추월(月尾秋月) 월미도의 가을 달빛, 성당만종(聖堂晩鐘) 답동성당의 저녁 종소리, 묘도석조(猫島夕照) 괭이부리섬에 지는 노을, 응봉모설(鷹峯暮雪) 응봉산에 내리는

| 조선기계제작소(현 두산인프라코어)와 만석동의 현재 모습

밤 눈, 주안낙안(朱安落雁) 주안에 내려앉는 기러기 떼, 사도석우(沙島
夕雨) 모래섬 사도에 내리는 저녁 비를 말한다.

당시 만석동은 해양관광지로 일본에까지 그 명성이 자자했다. 묘도
주변으로 작은 모래사장과 탄력 있고 부드러운 갯벌 그리고 맑고 시
원한 바닷물이 있어 최적의 해수욕장으로 소문났다. '조선 최초의 해
수욕장'이라는 타이틀로 일문 잡지에도 소개됐다.

조선 총독 이토 히로부미는 인천에 오면 이곳 팔경원에 자주 들러
여흥을 즐겼다. 술과 여자만 있으면 자연스럽게 돈이 풀리고 사람들
이 꼬일 것이라 생각했다. 하지만 너무 외진 곳이라 이토의 발길도 신
도시 만석동 지역의 활성화에 큰 도움을 주지는 못했다. 결국 일부는
중국인의 채소밭으로 전락하고, 대부분 오랫동안 잡초 무성한 황무지
로 방치되었다.

| 인천 앞바다가 한 눈에 내려다보이는 언덕 위에 세워진 위락 시설 팔경원
(『사진으로 보는 인천시사 ❶』, 인천광역시사편찬위원회)

일본육군에서 발주한 잠수정

　　　　　조선기계제작소(현 두산인프라코어)를 빼놓고 만석동을 얘기할 수 없다. 이 회사는 1937년 6월 광산용 기계 생산업체로 설립되었다. 공장 터를 조성하면서 괭이부리섬 묘도를 깡그리 뭉갠 것으로 보인다. 그 위치는 현재의 삼미사와 옛 한국유리공장 앞 도로 일대로 추측된다. 당시 육지의 끝 지점이었다.

　태평양의 여러 섬을 동시에 점령한 일제는 군수품 보급에 많은 어려움을 겪었다. 바다를 건너야 하니 보급품 수송에 해군의 도움은 절대적이었다. 그러나 1943년으로 접어들며 바다 사정이 녹록치 않았다. 일본 배들이 바다를 안전하게 다니기 힘든 전황이었다. 게다가 해군은 육군과 관계가 그리 썩 좋지 않았다. 해군은 보급품 수송에 관한 육군의 요청을 이런저런 구실을 대며 거부했다. 결국 육군은 울며 겨자 먹기 식으로 자체적으로 배를 만들어 보급품을 수송한다는 기상천외한 계획을 세운다. 보급을 담당할 배는 바로 잠수정이었다. 일본군은 적에게 발견되지 않는 소형잠수함을 대량 건조하여 병참 수송에 투입하는 계획을 세운다.

　육지에서 장갑차와 탱크로 전투했던 육군이 바다에 대해 아는 건 거의 없었다. 특히 해양 무기의 총아라 할 수 있는 잠수정이라니. 이에 대한 노하우는 전무했다. 결국 문제 해결과 계획 제안을 위해 조선업체를 찾아다녔다. 제안을 받은 업체는 처음에는 농담으로 받아들였다. 섬에 고립된 채 죽어가는 육군의 참담하고 급박한 현실을 들려주자 잠수정 제작 협력을 약속하게 된다.

조선업체의 도움을 받게 된 육군은 산호를 채취하는 소형 잠수정을 모델로 삼아 일사천리로 잠수정 설계도를 만들었다. 쌀을 적재할 경우 2만 명 병사의 하루 치 식량인 24t을 적재할 수 있었다. 오로지 수송이 목적이라 불필요한 공격 장비는 장착할 필요 없었다. 더 나아가 유사시 콩기름도 사용할 수 엔진을 장착하기로 했다.

| 미처 진수하지 못한 잠수정의 잔해. 1960년 대 까지 공장 도크에 나뒹굴었다.

만석 도크에서 태평양으로 나간 잠수정

일본 육군은 38척의 잠수정을 만들 계획을 세우고 히타치 제작소 등 몇 군데 업체에 생산을 의뢰했다. 1943년 4월 말 인천 만석 동에 설립된 조선기계제작소에도 수주했다. 일본 본토가 아닌 조선기계제작소에 이를 배정한 것은 보안, 수송, 정보 등 여러 가지 정황상 쉽지 않은 결정이었다. 그만큼 안달이 났다. 월 10척씩 건조해 연간 120척을 건조하는 마스터플랜을 전달했다. 제작 원료는 걱정 없었다. 조선 팔도와 중국대륙에서 약탈해 부평의 육군조병창 마당에 쌓아 놓은 금속재로도 충분했다.

일본 땅에서나 조선 땅에서나 모두 같은 도면으로 제작되기 때문에 잠수정의 기능에는 차이가 없었다. 조선기계는 잠수정 제작과 동시에 도크 공사에 들어갔다. 전쟁은 급박하게 돌아가고 있었기 때문에 제작에도 속도를 냈다. 제 1호기는 명령받은 지 1년 만인 1944년 4월에 진수되었고, 테스트를 거쳐 8월 육군에 인계되었다. 육군은 납품받은 '제품'에 만족했다. 광복 때까지 조선기계제작소가 육군에 넘겨준 것은 총 4척이었다. 10여 척은 시운전 상태에 있었다.

조선기계에서 제작한 잠수정은 만석 도크를 통해 태평양으로 나가 실전에 투입되었다. 그중 한 척은 1945년 풍랑을 만나 침몰했고, 나머지는 종전까지 바다를 누빈 것으로 추정된다. 종전을 맞아 진수되지 못한 한 척과 다른 한 척 등 두 척의 잠수정이 60년대 초반까지 도크에서 녹슨 고철이 돼 나뒹굴었다.

얼떨결에 잠수함과 맺은 인연은 쉬 끊어지지 않았다. 광복 후 조선

기계제작소는 정부에 귀속되었다. 이 공장은 군
함용 엔진 제작과 수리를 목적으로 1955년부터
1957년까지 한국 해군에서 직접 운영하기도 했
다. 조선기계제작소의 후신인 대우중공업 시절에
는 대우조선공업과 합병하며 1994년 4월 대한민
국 최초로 전투잠수함을 건조했다. 이후에도 한
동안 만석동 공장에서는 대한민국 해군의 잠수함
수리와 조립 등의 작업이 진행되었다.

　패전 전 일제는 잠수정을 건조하기 위해 1,300
여 명의 인력을 확충했고, 그들을 위한 숙사(宿舍)
112동을 만석동과 인근 동네에 새로 건축했다.
이때 세워진 집들이 현재 만석동 '아카사키촌'의
근간이 된다. 좁은 공간에 많은 사람을 수용하기
위해 화장실도 없는 쪽방으로 지었다. 골목은 딱
어른 어깨 넓이다. 60년 세월이 지났지만 아직도
근로자들이 묵었던 왜색풍의 집들이 곳곳에 남아
있다. 그래서 한동안 사람들은 만석동을 '잠수함
동네'라고 불렀다. 6·25 전쟁 중 배를 타고 황해
도에서 건너온 피난민들이 이 동네에 정착한 데
이어 6, 70년대 산업화 시기에는 호남과 충청 지
역에서 올라온 노동자들이 자리 잡았다. 그들의
자식인 괭이부리말 아이들은 그렇게 그곳에서 나
고 자랐다.

동일방직 뒤로 형태가 그대로 남아있는 묘도가 보인다. (『사진으로 보는 인천시사 ❶』, 인천광역시사편찬위원회)

연합군포로수용소와
'월남파병' 김치공장

전쟁에서는 필연적으로 포로가 발생한다. 이들을 가둘 포로수용소는 전선과 최대한 멀리 떨어진 후방에 분산해 설치하는 게 일반적이다. 자국민과 포로들의 접촉을 차단하기 위해 도심에서 멀리 떨어진 곳 그리고 탈옥을 막기 위해서 포로들에게 지형이 숙지되지 않은 곳에 포로수용소가 들어선다.

제 2차 대전 당시 일본군은 초반에는 연전연승의 기세였다. 수많은 연합군을 포로로 잡아 가뒀다. 일본 북단의 홋카이도부터 남단의 규슈까지 200여 개의 수용소는 포로로 가득 찼다. 그들을 분산 수용하기 위해 본토 외에 식민지 한반도에도 수용소를 설치했다. 인천을 비롯해 서울, 부산, 흥남 등 네 곳이 선택되었다.

1964년 인천항에서 열린 월남 파병 환송식 (인천시 제공)

당시 이들 포로수용소에 수용된 연합군 포로들은 1942년 초, 말레이반도와 싱가포르에서 잡힌 영국군, 호주, 뉴질랜드 등 영연방 포로들이다. 전쟁이 계속 이어지며 미군도 일부 포함되었다. 영화 '콰이강의 다리'는 이를 배경으로 한 영화다. 일제는 백인 포로를 다방면에 활용했다. 항복한 백인 병사들을 조선인들에게 자연스럽게 노출하면 일본의 힘이 뛰어나다고 자랑할 수 있다고 생각했다. 조선인에게 백인존경(영미 숭배) 관념을 없애고 필승의 신념을 확산시키기 위함이었다.

더불어 일제는 포로들을 각종 전략 시설을 보호하는 방패막이로 삼았다. 당시 비행기 폭격은 현재의 첨단 장비를 활용한 정밀 타격이 불가능했고, 일정 지역에 무차별적으로 폭탄을 떨구는 방법이었다. 연합군은 포로들의 안위 때문에 수용소 일대를 함부로 폭격할 수 없었다. 일제는 이를 노려 포로수용소를 주요 시설 부근에 배치했다.

신사를 지키기 위한 방패막이

연합군 포로를 실은 배가 1942년 8월 18일 싱가포르를 출항해 29일 대만에 정박했다가 9월 15일 부산에 입항했다. 이후 철도로 서울까지 이송됐고 9월 25일 오후 2시 15분 상인천역(현 동인천역)에 도착했다. 인천 사람들은 난생처음 '백인' 군인들을 보게 된다. 포로 535명은 인천 포로수용소에 수용되었다.

인천의 연합군 포로수용소는 수인역 인근, 현재의 신광초교 자리에 있었다. 신광초교에서 직선거리로 400여 m 떨어진 인천여상 자리에는 일본인들이 목숨을 걸고 지키려 했던 것이 있었다. 바로 인천신사(仁川神社)였다. 개항 이후 인천에 들어와 살고 있던 일본인들은 인천에 신사가 없음을 안타깝게 여겼고, 1889년부터 신사 창설의 뜻을 품고 기부금을 모아 신사 건립에 나섰다. 1890년 6월, 지대가 높고 시가

일제는 1890년 현재의 인천여상 터에 인천신사(仁川神社)를 건립했다.

지에서 떨어진 한적한 곳이어야 한다는 조건에 맞는 지금의 중구 사동 인천여상 터에 신사를 건립했다. 학교 남쪽은 바로 앞까지 바닷물이 넘실거리는 낭떠러지였다. 인천신사는 대신궁 건축공사가 낙성되며 면모를 갖춘 이후, 지속적인 증축공사를 하며 규모를 넓혔다. 후에 그 일대는 동공원이 된다.

일제의 '인간방패' 작전은 상당한 효과를 봤다. 미군이 1944년 12월 항공 촬영한 사진을 보면 연합군 측은 포로수용소의 위치를 정확히 파악하고 있었다. 연합군은 아군 포로들의 피해를 우려해 수용소 일대에 단 한발의 폭탄도 투하할 수 없었다.

연합국 측은 포탄 대신 포로로 잡힌 아군을 위해 보급품을 투하했다. 수용소 밖으로 떨어진 물건들을 서로 차지하기 위해 한바탕 난리가 났다. 생전 처음 보는 물건들은 신기하고 값졌다. 이 물건들은 주로 화개동(현 신흥동) 유곽의 아가씨들에게 팔렸고, 길거리에 내놓으면 반짝 장이 서기도 했다. 소문을 들은 시내 건달들이 이 물건을 독차지하기 위해 이곳으로 나서 폭력을 휘둘렀다는 이야기도 전해진다. 2차 세계대전이 인천의 작은 마을에 또 다른 '전쟁'을 일으켰던 것이다.

일본이 항복한 직후인 1945년 9월 8일, 38선 이남의 일본군을 무장 해제시키기 위해 미 제24군단이 인천으로 상륙하였다. 미군은 일본에서 가장 가까운 부산을 놔두고 인천으로 들어왔다. 조수간만의 차가 심하고 뱃길이 협소해 상륙에 어려움이 따르는 인천으로 굳이 먼저 상륙한 것은 인천과 서울에 수용된 포로를 하루라도 빨리 구출하기 위해서였다. 그만큼 이들 수용소는 연합군에게 중요한 의미를 지녔던 곳이다.

탈출 포로와 식당 종업원

일제는 연합군 포로들을 각종 노역에 동원했다. 인천 수용소의 포로들은 축항 부두 확장 공사 등에 투입되었다. 전쟁 말기 일본은 물자 부족에 시달렸고, 포로들에 대한 대우는 좋지 않았다. 제대로 먹지 못하고 치료도 받지 못한 포로는 종전 전에 불귀의 객이 되었다.

미군 존슨(Chester L. Johnson) 소령은 1942년 여름 필리핀 전투에 참전했다가 일본군의 포로가 되었다. 3년 가까이 태평양 남양군도의 여러 섬을 전전하다 1945년 인천 연합군 포로수용소에 이감되었다. 그 역시 강제노역에 시달렸는데, 힘겨운 중노동이나 포로감시원의 학대 못지않게 고통스러웠던 것은 배고픔이었다. 된장에 무말랭이를 넣고 끓인 멀건 죽으로 겨우 연명했다. 영양실조로 죽은 동료 포로들이 실려 나갔다. 그는 7월경 노역을 나가던 중 동료 3명과 함께 탈출을 감행했다.

대열에서 몰래 빠져 나왔으나 그들은 인천의 지리를 전혀 알지 못했다. 숨이 차도록 2㎞를 앞만 보고 내달렸다. 발걸음이 닿은 곳은 시내 쪽인 신포동. 그들이 몸을 숨기고자 들어간 곳은 번화가 입구에 있는 나리낑(成金)이라는 식당이었다. 하필이면 일본인이 경영하는 음식점이었다. 갑자기 들이닥친 백인 포로들과 처음 마주한 사람은 다행히 한국인 종업원 김진원 씨였다. 그는 손짓 발짓으로 '헝그리(배고프다)'를 연발하는 포로들을 주방으로 피신시키고 따뜻한 음식을 내주었다. 존슨 소령 일행은 밥을 얻어먹은 후 목욕탕으로 들어가 샤워를 했다.

그들의 자유는 극히 짧았다. 곧바로 추격한 일본 군경에 체포되어 다시 포로수용소로 끌려가 심한 고초를 겪었다. 그들을 도운 김진원 씨도 어려움을 겪었다. 그러다 광복을 맞았다. 존슨 소령은 미 7사단의 상륙으로 인천수용소에서 구출됐다. 미국으로 돌아갔던 그는 20년 후 소장으로 진급해 1965년 9월 한국 주둔 미 7사단장으로 부임했다.

존슨 소장은 서울에서 인수인계를 마치자마자 서둘러 인천으로 향했다. 인천항(현재 1부두) 맞은편에 도착한 그는 '화선장(花仙莊)'이라는 간판이 붙은 식당 앞에서 걸음을 멈추었다. 그는 만감이 교차하는 표정으로 잠시 건물을 바라본 후 안으로 들어갔다. 당시 종업원이던 김진원 씨는 광복 후 적산 식당을 인계받아 간판만 바꾸고 계속 운영 중이었다.

탈출 사건은 오래전 일이었다. 존슨은 그가 만나고 싶은 사람이 그곳에 계속 있다고 확신할 수 없었다. 탈출 당시 경황없던 순간에 벌어진 일이라 이름은 물론 얼굴도 기억나지 않았다. 하지만 존슨 소장은 김진원 씨를 보는 순간 오매불망 찾던 인물임을 직감적으로 느꼈다. 확인 차 이런저런 이야기를 나눈 그가 갑자기 몸을 들썩일 정도로 오열하였다. 극적인 재회였다. 존슨은 탈출했을 때 도움 받은 것을 회상하며 화선장 주방문에 '존슨키친'이라고 사인을 하며 눈시울을 적셨다. 세월은 지나갔다. 이제 존슨 장군도 김진원 씨도 이 세상에 없다. 그들을 이어준 '화선장'도 다른 간판이 걸려 있어 점차 기억에서 사라지고 있다. 전쟁 속에 피어난 아름다운 이야기만이 활자로 남아 있을 뿐이다.

인천항에서 열린 월남 파병 환송식 (인천시 제공)

포로수용소 터에서 보낸 '김치파병'

　　광복 후 인천 연합군 포로수용소는 또 다른 일로 군인과 인
연을 맺는다. 1964년부터 한국군은 베트남으로 파병됐다. 베트남 전
쟁이 장기화되며 파병군인들에게 가장 큰 문제는 음식이었다. 쌀이나
고기는 현지에서 얼마든지 조달할 수 있었지만 김치는 그렇지 못했다.

장병들은 고국에서 만든 토종 김치가 그리웠다. 그들의 간절함을 풀어 주기 위해 김치를 비닐에 싸서 드럼통에 넣어 배에 실어 보냈다. "펑! 펑! 펑!" 대만 부근 해상을 지날 때 배 밑창에서 연달아 폭발음이 터졌다. 김치를 넣은 드럼통이 하나 둘 터져 선박의 화물 창고는 거대한 김치찌개 냄비로 변해 버렸다. 더운 날씨로 인해 김치가 급발효되면서 드럼통이 압력을 이겨 내지 못했다. 다른 모든 군수품은 보낼 수 있어도 김치만큼은 '월남파병'이 불가능했다.

정부는 1966년 8월 1일 김치통조림을 생산할 식품가공공장 건설에 착수했다. 인천의 옛 연합군 포로수용소 부지를 점찍었다. 인근 농촌에서 생산하는 각종 농산물 조달이 편리한 수인선 철도와 제품을 바로 선적하기 좋은 인천항이 이웃한 이곳에 공장부지 2,000평을 마련했다.

1967년 3월 18일 오전 11시, 드디어 국내 최초의 김치 공장이자 통조림 공장의 준공식이 열렸다. 이날 농림부 장관, 경기도지사, 농협 중앙회장 등이 참석할 만큼 이 공장의 가동은 그 의미가 컸다. 서독(독일)에서 들여온 설비를 갖춘 이 공장은 연간 200만 통의 통조림을 생산해냈다. 김치 수송 작전은 대성공이었다. 연합군 포로수용소 터에서 생산한 김치는 파월 장병들의 전투력 향상에 지대한 영향을 끼쳤다. 김치가 수송된 항로는 연합군 포로들이 한반도로 이송됐던 바로 그 바닷길이다.

| 포로수용소 자리에 들어선 인천신광초교

구한말 인천과 경성 사이 오류동을 오가며 우편과 전보를 전달
하던 우체부의 모습
(『사진으로 보는 인천시사 ❶』, 인천광역시사편찬위원회)

"충성,
여의도 비행장에 다녀왔지 말입니다"

우리나라 통신사 첫줄에는 '미륜사(彌綸斯)'라는 인물이 있다. 덴마크 출신인 그의 원래 이름은 뮐렌스테트(Muelensteth)다. 덴마크에서 전기통신 기사로 일하다 중국으로 건너가 청나라 전보총국에서 근무했다. 전보총국이 한반도에서 서로전신선(西路電信線, 경인·경의선) 가설공사를 맡자 1885년 미륜사는 중국인 기술자들과 함께 인천으로 건너왔다. 그는 인천에서 서울을 거쳐 의주까지 통신전선 공사를 담당했다.

통신전선은 유사시 중국 북양함대의 육군 수송과 압록강변 쪽에서 육군의 즉각 투입을 가능케 하기 위한 일종의 군용 전선줄이었다. 서로전선 건설 와중인 1885년 9월 28일 조선 정부는 한성전보총국을 설치해 10월 3일부터 경인 간 전신업무를 개시했다. 이것이 우리나라 최초의 전신 도입이다. 그런 연유로 9월 28일을 우리나라의 전신 개통일로 삼고 있다. 이후의 남로전선(서울~부산)은 자주권 회복 차원에서 조선 정부가 직접 가설했다. 인천에 와 있던 독일회사 세창양행의 차관을 도입해 자체적으로 건설한 것이다. 남로전선 건설을 계기로 국문(한글) 전신 모스 부호가 마련됐다.

전신주 보초 선 농민들

마을 어귀마다 장승보다 훨씬 큰 나무전신주가 세워지기 시작했다. 전신주는 우리나라 소나무를 벌목하여 사용하였다. 인천과 서울 사이에는 413개의 전주를 세웠는데 공사가 부실하고 금세 썩어서 이를 교체하는 데 큰 어려움을 겪었다. 전신주의 보수 관리는 인천은 화도진 별장이 담당하였고 그 외 지방에서는 그 고을 사또가 맡았다.

당시 조선 사람들은 이 전신주를 두려움의 대상, 혹은 식민 침탈의 도구라는 반감을 가지고 있었다. 게다가 "전보를 통해 전염병이 나돈다."는 괴소문이 나돌면서 전신 시설을 파괴하는 일까지 벌어졌다. 도로 연변의 주민들에게 밤중에 전선을 지키도록 강제 동원하였다. 이에 주민들은 관아를 상대로 항의했지만 소용없었다. 낮에 농사를 짓고 밤에는 전선을 지키는 보초 일이 힘에 겨웠으나 나라에서 시키는 일이라 어쩔 수 없이 따를 수밖에 없었다. 시간이 흐르면서 통신시설은 귀한 물건이라는 인식이 들며 마을에서 관아와 비슷한 대접을 했다.

전신에 앞서 1884년 3월 우정총국이 설립되면서 우리나라에 근대 통신 수단인 우편이 도입되었다. 같은 해 11월 인천분국이 세워지면서 최초의 우편제도 시행지는 인천으로 기록된다.

우편과 전보가 들어왔지만 한동안 통신의 수단으로 비둘기도 함께 이용했다. 통신용 비둘기는 '전서구(傳書鳩)'라고 불렀다. 일제강점기 때 소월미도에는 인천관측소와 일본군 군용기지, 여의도비행장을 오가는 전서구 사육장이 있었다. 일본 동경육군 군용구조사위원회는 프랑스로부터 우수한 통신용 비둘기를 100마리를 도입했는데 이 중 몇 마리를 인천에 나눠줬다.

전서구는 다리에 각종 정보를 동여매고 인천~경성, 인천~팔미도를 매일 오전, 오후 한두 차례 적게는 5, 6마리 많게는 40~50마리가 뭉쳐서 저공으로 날아다녔다. 이 비둘기들은 교통이 불편하고 전신, 전화 설비가 설치되지 않은 섬을 오가며 폭풍 경보와 해난 통보 등에 활용됐다. '다음 배편으로 간장을 보내주시오'라는 사사로운 전갈을 전하기도 했다. 폭풍 부는 날도 풍랑을 넘어 날아가 심부름을 완수했다.

1930년대 초 체신국은 종래 팔미도를 중심으로 한 비둘기 통신망을 멀리 등대가 있는 자월면 목덕도(88㎞), 태안반도 앞 옹도(91㎞), 격렬비도(122㎞)까지 확장했다. 인천해사출장소장은 앞바다 섬의 등대를 순시하러 다닐 때 조난이나 고립 등 만약의 사태에 대비해 전서구를 늘 갖고 다녔다.

인천관측소에서는 매일 아침 작성되는 기상표도(氣象票圖)를 눈이 오나 비가 오나거르지 않고 비둘기 편에 경성과 여의도비행장으로 운반했다. 그날그날의 항공이나 항해 여객들에게 안전한 여행을 할 수 있도록 절대적인 도움을 주었다. 비둘기는 열차로는 한 시간이나 걸리는 기상도 체송 임무를 15분가량이면 거뜬히 완수했다. 신문사도 기사 송부 등 지국과의 연결을 위해 전서구를 자체적으로 기르기도 했다.

광복 후 국군 비둘기 통신중대 창설

훈련받았지만, 간혹 임무 수행을 제대로 하지 못하는 '고문관' 비둘기도 있었다. 1934년 1월 영종도 부근에서 고기잡이하던 어부가 길 잃은 전서구 한 마리를 잡아 보호해 경기도청에 신고했다. 다리에는 '조체(朝遞) 8463호'라는 쪽지가 달려 있었다. 인천해사출장소와 팔미도 사이를 날아다니며 임무 수행하던 전서구가 잠시 방향을 잃고 갈 길을 헤맸던 것이다.

수렵금지 기간이 해제되는 가을철이 되면 통신 비둘기의 수난이 뒤따르곤 했다. 사냥꾼들은 다른 새와 구분하지 못하고 전서구들에게 총구를 겨누기도 했다. 체신국에서는 사냥꾼들의 총부리로부터 '통신병'을 보호하기 위해 전전긍긍했다. 광복 후 대한민국 국군의 전신인 국방경비대 안에도 비둘기 통신 중대가 창설될 만큼 오랫동안 비둘기 연락병의 역할은 계속됐다. 비둘기는 1970년대도 귀소(歸巢) 능력이 있는 애완동물 역할을 계속해 나갔다. 비둘기 애호가들의 모임인 애구(愛鳩)협회가 결성돼 1년에 한두 차례 비둘기 레이스 경기를 펼쳤다.

소월미도가 빤히 내려다보이는 자유공원 광장에는 여러 층으로 된 비둘기 집이 있었다. '관상용' 비들기들의 거처다. 1967년 대성목재에서 190쌍의 비둘기가 서식할 수 있도록 나무로 만든 집을 마련해 주었다. 70년대에 이르러 비둘기가 1천 쌍으로 늘어나자 수원시와 여주군에 분가시키기도 했다. 1996년 주변 환경을 위해 비둘기 집은 철거되었고 현재 그 자리에는 배 모양의 전망데크가 설치되었다.

자유공원의 명소였던 비둘기장. 대성목재에서 기증했다. (인성여고 앨범)

| 1955년 인천공설운동장에서 열린 '하와이교포원로단' 환영식 (인천시)

"니가 가라, 하와이"

　"서양 사람들은 우리를 보고 흑인이라고 합니다. 햇볕 아래서 온종일 농사를 짓기 때문에 그을려서 이렇게 검습니다. 여기 한국에 와보니 사람들 모두 얼굴이 희어서 백인들을 보는 것 같습니다."

　한복도 아닌 양복도 아닌 반한반양(半韓半洋) 차림의 노인들이 비행기 트랩을 내렸다. 내리자마자 주위를 둘러보는 등 조금은 불안하고 어리둥절한 표정이었다. 잠시 후 그들의 목에는 화환이 걸렸고 이곳저곳에서 박수 소리가 터졌다.

　1955년 10월 18일 하와이 원로 교포 방문단 42명이 여의도공항을 통해 고국을 방문했다. 한국을 떠난 지 반세기 만에 조국 땅을 다시 밟은 것이다. 그들은 배를 두 번 타고 20여 일 남짓 걸려 하와이로 건너갔다. 고향으로 다시 돌아올 때 소요된 시간은 비행기로 한나절이면 충분했다. 공항에 각 부 장관이 직접 나와 영접할 정도로 그들은 열렬한 환영을 받았다. 도착 첫날 경무대를 방문해 이승만 대통령을 접견했다. 이 대통령 자신도 한동안 하와이에 거주했기 때문에 개중에는 구면인 사람도 있었다. 어눌한 한국어에 영어 사투리 억양을 섞어 대화했다.

방문 기간 16일 동안 그들은 국회를 비롯한 삼부 요인 예방 등 전국 곳곳을 방문했다. 방문 6일째 되는 날 그들은 50년 전 이민선을 탔던 바로 그곳, 인천을 방문했다. 공설운동장에서 수만 명의 인천시민이 참석한 가운데 대대적인 시민환영회가 열렸다. 이어 인천시청과 인천항만 그리고 자신들의 모금으로 세운 인하공대를 감격스럽게 시찰했다. 그날 그들은 환영 만찬이 열린 공화춘(현 짜장면박물관)에서 오랜만에 회포를 풀었다.

제물포항 3개의 '바다'

1902년 12월 22일 월요일, 음력으로 동짓달 스무 나흘, 제물포항. 이별의 눈물을 훔치며 남자와 아낙, 그리고 젖먹이 등 121명은 일본 여객선 겐카마루(玄海丸)에 몸을 실었다. 한민족 미주 이민 대장정 역사의 첫발을 내딛는 순간이다. 그때 제물포항에는 3개의 바다가 생겼다. 땅에서 그들을 환송하는 사람들의 눈물바다와 갑판 위에서 환송하는 친지들을 보며 흘리는 이민자들의 눈물바다, 그리고 이들을 숨죽여 바라보며 통한의 찬바람만 불어대던 제물포 앞바다였다.

정오쯤 승선이 모두 완료되었다. 오후 2시경 배가 움직이기 시작했다. 이내 월미도의 뒷모습이 보이더니 육지와 점점 멀어졌다. 부둣가의 울음소리도 선상의 울음소리도 인천 바다의 구슬픈 해조음에 이내 묻혀 버렸다. 그들은 미지의 땅 '포와(布哇)'로 가는 이민자들이었다. 포와는 하와이를 가리키는 한자식 표기다.

하와이 이민에 앞서 1860년대부터 우리 선조들은 산삼의 채취와 계절 농사를 위해 두만강과 압록강을 건너 중국과 노령(러시아) 지역으로 무단 월경을 하곤 했다. 1863년 14가구 60명이 러시아 국경을 넘어 연해주 지신허강 인근에 정착해 이듬해 제정러시아의 정식 승인을 받은 기록이 있다.

하와이행 이민선 1호가 제물포항을 떠나기 전에 비공식적으로 태평양을 건넌 기록이 있다. 하와이 이민국은 1900년 초 16명의 한인 남자가 호놀룰루에 도착했다고 기록한 바 있다. '미국이민 100주년 기념사업회'는 1887년 미국 덴버로 떠난 한국인 광부들의 흔적을 발견하기도 했다. 이외에도 인삼 파는 상인이나 유학생이 하와이 땅을 밟거나 중국을 통해 중국인을 가장해 들어간 한인들도 있었다.

이렇듯 다양한 방법으로 국경을 넘어 외국 땅에 들어갔지만, 근대 이민의 시작은 1902년에 시작한 하와이 이민이다. 국가(대한제국)가 처음으로 추진한 공식 인력 송출이었기 때문이다. 한민족 디아스포라의 시작은 그렇게 시작되었다.

인천을 떠난 배는 다음날 일본 나가사키항에 도착했다. 그곳에서 신체검사를 받았다. 121명의 검사 결과 20명이 전염병 보균자로 밝혀졌다. 그들은 태평양으로 나가보지도 못하고 일본에서 돌아와야만 했다. 신체검사를 통과한 이민자들은 일본에서 해를 넘겼다. 1903년

1월 2일 101명은 미국 상선 갤릭(Gallic)호로 갈아타고 태평양으로 나갔다. 하루하루 날씨가 달라졌다. 제물포항에서 겹겹이 껴입은 솜바지를 벗어버리고 나중에는 거의 속옷 차림으로 있어야만 했다. 확실히 조선 땅에서 느끼던 날씨와는 확연히 달랐다.

제물포항을 떠난 지 22일째인 1903년 1월 13일 갤릭호는 하와이 호놀룰루 외항에 닻을 내렸다. 입국 전 마지막으로 선상에서 신체검사를 다시 실시했다. 안질 등으로 13명이 탈락하고 89명만이 검역과 이민국 심사를 거쳐 하와이로 입국했다. 탈락한 사람들은 왔던 길을 거꾸로 해서 조선으로 되돌아갔다. 제물포항을 떠난 121명 중에서 89명만이 하와이에 첫발을 디뎠다. 이들이 바로 미국 한인 이민의 제1진이다.

독립국이었던 하와이왕국은 사탕수수농업이 크게 발달했다. 대규모의 인력이 필요해 중국과 일본 그리고 포르투갈에서 노동자들을 수입해 운영했다. 하와이는 1900년 미국의 영토가 되었다. 미 정부는 하와이에서 중국인과 일본인의 수가 너무 많아지는 것에 대해 크게 우려했다. 게다가 그들의 수가 점점 늘어나자 노임분쟁이나 동맹파업이 빈번해졌다. 결국, 미국은 그들의 이민을 제한했다. 대신 한국민의 이민을 적극적으로 추진하게 되었다.

한국인 노동 이민을 맨 처음 제안한 사람은 독일인 핵필드였다. 그는 하와이 5대 사탕농장주 가운데 하나였다. 그는 독일인이었지만 호놀룰루 주재 러시아 명예 총영사직을 맡고 있었다. 자연스럽게 서울의 러시아 공사 베베르와 접촉했다. 베베르는 의사이자 선교사 알렌(Allen 1858~1932)과 가까운 사이였다. 알렌은 하와이 이민 계획을 적극적으로 지지했다. 고종에게 백성들을 "좀 더 잘살게 해주기 위하여" 하와이로 보내야 한다고 설득했다. 그리고 하와이 이민사업 책임자로 데쉴러(David W. Deshler)를 추천했다.

노다지 탄생과 최불암 집

데쉴러는 알렌과 같은 미국 오하이오 주 출신이었다. 은행가 집안의 후손으로 일본 고베에서 활동하다가 1896년 제물포로 건너와 사업을 모색하고 있었다. 당시 25살의 새파란 젊은이였다. 그는 이민 모집을 위해 인천내리교회 부근에 동서개발회사를 설립했다. 같은 건물에 이민 비용을 대출해 주는 데쉴러은행도 개점했다.

그는 내친김에 미국인과 동업으로 평북 운산금광 채굴권도 손에 쥐었다. 조선은 본래 금광업이 전혀 발달하지 않은 나라였다. 금이 난다고 하면 중국에서 금을 조공으로 요구할 것을 우려했기 때문에 금광 여는 것을 일절 허락하지 않았다. 운산금광은 조선에서 가장 질 좋은 금광이었다. 채굴하자마자 엄청난 금맥이 터졌다. 금이 쏟아져 나오자 서양 감독자들은 조선인 광부들에게 "노우 터치"라고 연신 외쳐댔다. 이 말을 계속 듣게 된 조선 사람들은 황금을 "노다지"라고 말하기 시작했다.

데쉴러는 운산금광에서 1900년부터 12년간 금광석 2백 92만여 t을 채굴했다. 광산의 직원만도 서양인이 77명, 조선인 광부가 2천 명이 넘을 만큼 운산금광을 통해 실로 막대한 이윤을 챙겼다. 미국인들

은 1938년 철수할 때까지 약 9백만 t의 금을 채굴하였다. 당시 조선의
금 생산량은 한때 세계 3~4위를 차지할 정도로 많았다. 1885년 영국
을 시작으로 일본·러시아·독일·이탈리아·프랑스·미국이 조선의
금광 개발 사업에 뛰어들어 한때 금광이 600개를 넘었다.

　이민 사업과 금광 사업으로 '노다지'를 얻게 된 데쉴러는 제물포항
인근에 저택을 마련하고 거주했다. 현재의 인성초등학교 운동장 자리
에 일본식 정원을 갖춘 서양풍의 저택을 지었다. 고종은 인천 앞바다
가 한눈에 들어오는 이 아름다운 저택을 구입하고 싶어 했다. 그 뜻을
전해들은 데쉴러는 집을 팔기로 하고 알렌과 민영환에게 매매를 위임

| 현재의 인성초교 운동장에 있던 데쉴러 주택. 나중에 이 집에서 최불암이 잠시 거주했다.

했다. 그리곤 1902년 12월 22일 첫 번째 하와이 이민단과 함께 일본으로 건너갔다. 그러나 저택 매매는 협상이 제대로 되지 않아 끝내 실패로 돌아갔다.

일제강점기 데쉴러가 미국으로 돌아간 후 그 집은 '우로코'라는 유명한 일본 요정으로 사용됐고 광복 후에는 배우 최불암의 부친 최철이 거주했다. 건설영화사 대표였던 최철은 인천 최초의 영화 제작자로서 '수우', '여명' 등의 작품을 제작했다. 영화사 사무실은 당시 유명 배우인 복혜숙, 한은진, 이향, 신카나리아 씨 등으로 항상 북적거렸다.

최철은 1948년 영화 '수우'의 개봉 시사회를 하루 앞두고 서울 남산호텔에서 과로로 쓰러졌다. 인천 동방극장에서 영화가 개봉한 날, 8살 외아들 영한(최불암의 본명)은 아버지의 영정을 들고 그 영화를 봤다. 최불암의 모친(이명숙)은 남편이 사망하자 동방극장 지하에 '등대 뮤직홀'이라는 음악다방을 열어 운영했다.

젖과 꿀이 흐르는 땅?

데쉴러는 동서개발회사를 설립한 후 서울, 부산, 원산 등지에 지사를 두고 전국 방방곡곡에 이민 광고를 했다. 모집 공고문은 개항장 제물포를 비롯한 항구와 사람이 많이 오가는 기차역, 저자거리 등 곳곳에 나붙었다. 공고문에는 ▲하와이에 정착하고자 간절히 원하는 자에게 편리함을 공급함 ▲기후는 온화해 심한 더위와 추위가 없음 ▲모든 섬에 학교가 있어 영문을 가르치며 학비를 받지 아니함 ▲

농부들은 법률의 제반 보호를 받음 ▲월급은 미국 금전으로 매월 십오 원 ▲일하는 시간은 매일 열 시간이고 일요일은 쉼 ▲집과 나무와 물과 병을 치료하는 경비는 고용주가 지급함 등이 적혀있다. 한자와 영문, 한글을 각각 사용했다.

초기에는 모집 실적이 신통치 않았다. 당시의 '미디어' 중 최고라고 할 수 있는 황성신문에도 여러 차례 공고문을 실었지만 이민자가 모이질 않았다. 낯선 땅에 간다는 두려움, 조상의 분묘를 두고 갈 수 없다는 인식, 양인(洋人) 사회에 대한 무지 등이 한몫했다.

다급해진 데쉴러는 제물포항 인근에 있는 내리교회의 존스(Jones·趙元時) 목사에게 도움을 간청했다. 존스 목사는 알렌의 친구여서 그의 청을 외면할 상황이 아니었다. 그는 신도들에게 "하와이는 젖과 꿀이 흐르는 가나안"이라며 "미국에 이민 가는 것은 하나님의 선물이요, 이것이야말로 하나님의 섭리"라고 설득했다. 그는 제물포뿐만 아니라 강화, 황해도 일대 교인들에게도 이민을 지원하도록 독려하였다. 교회 신자들을 통해 친지나 이웃들을 설득하게 했고 서울에까지 가서 하와이 이주를 적극적으로 권장했다.

곧바로 50명 이상의 내리교회 신도를 비롯해 20여 명의 인천항 부두 노동자 등이 모였다. 부두 노동자를 모집하고 공급하는 기구인 응신청(應信廳)이 동서개발회사와 내리교회와 같은 골목에 자리 잡았다. 이 골목에서 교인들과 부두노동자들을 모아 첫 이민사업을 진행했다. 사업 허가 후 첫 이민선이 뜨기까지는 불과 한 달 남짓밖에 소요되지 않았는데 이런 환경이 크게 영향을 끼쳤다.

주로 제물포·강화·부평·서울 등지에서 모집된 초기 이민자들이 하와이행 배에 몸을 실은 이유는 저마다 처한 사정에 따라 다양했다. ▲빗자루로 땅을 쓸기만 해도 돈이 생긴다기에 ▲서자라고 설움 받는 것이 싫어서 ▲예수쟁이라고 놀림당하는 것이 싫어서 ▲남의 집 살이 하는 부모와 다른 삶을 살고 싶어서… 등등이다.

내리교회 전도사, 집사 등은 이민회사의 직원으로 근무하면서 통역은 물론 인솔자로 활동했다. 그들은 하와이 한인 사회에서 지도자로 역할 했다. 당시 조선에 와있던 서양 선교사들은 존스 목사를 은근히 원망했다. 어렵게 조선인들을 복음화 시켰는데 교인들을 하와이로 빼돌린다고 불평했다. 강화의 한 교회는 교인 대다수가 하와이 이민을 지원하여 교회가 문을 닫은 경우도 있을 정도였다. 이민 제1진이 떠날 때 존스 목사는 이민자들에게 용기를 북돋워 주기 위해 항구에서 임시 천막 집회를 열기도 했다.

하와이로 내 몬 '헬조선'

하와이 이민 추진에는 다른 요인이 있었다. 당시 떠도는 민간 속담에는 '신축년에 남편 찾기'란 말이 있었다. 불가능한 것을 해보려고 쓸데없이 애쓰는 것을 빗댄 말이었다. 신축년이었던 1901년은 흉년과 기근이 전국을 휩쓸어 수많은 사람이 죽고 가정이 파괴됐다. 신축년 재앙은 경제, 사회적 위기를 초래해 하와이 노동 이민이 추진됐다.

당시엔 가뭄도 심했다. 1902년 7월 13일, 서울에서 활동하던 장로교 선교사 웰번은 "3년 만에 비가 처음 제대로 왔다"라고 일기에 썼다. 당시 중부 지방은 비가 오지 않아 농작물 수확량은 3분의 1로 줄었다. 많은 사람이 소나무 아래서 죽은 것이 목격되었다. 그들은 소나무 껍질을 깎아 연명하다가 굶어 죽은 것이다. 살 수 없게 된 농민은 하와이 이민에 인생을 걸었다.

역병도 돌았다. 알렌은 조선 땅에 콜레라가 유행하자 발 빠르게 대처하며 당시 상황을 일기(1885년 9월 27일)에 기록했다. "조신 정부에 각 도시의 출입 대문마다 두 사람의 훌륭한 사자(使者)를 파견 배치, 콜레라 환자의 출입을 통제하고 격리·수용하는 환자 집에는 일체 숙식을 하지 말도록 당부했다. 각 가구주에게는 집 안팎을 깨끗이 청소하고 하수구에 석회를 뿌리며, 방안에는 유황을 태우는 등 소독을 철저히 하라고 하였다. 또 물은 반드시 끓인 물을 마시도록 했다."

앞서 1879년 8월 부산항에 콜레라 환자가 발생해 일본인 거주 구역에 처음으로 '콜레라 병원'이 설치됐다. 1883년 제물포가 개항하자 일본서 건너온 콜레라가 1885년 9월 서울까지 확산되면서 사망자가 속출했다.

동학군 아버지와 복혜숙

첫 번째 하와이행 이후 1903년 2월 10일 두 번째 이민선 캅틱호에 승선한 63명부터 1905년 2천 659명까지 태평양을 건너간 하와이 총 이민자 수는 7천 226명이었다. 남자가 6천 48명, 여자가

637명 그리고 어린이가 541명이었다. 그들의 대부분은 교인이었지만 공부를 하기 위해 떠난 젊은이, 향리와 구한말의 해산군인, 남의 집에 살던 머슴, 부두 노동자, 건달 등도 대열에 끼어 있었다.

하와이 이민과 당대 최고의 여배우와 얽힌 이야기가 있다. 한국영화사 초창기에는 '여배우'라는 명칭은 없었다. 듣도 보도 못한 이 길을 개척한 복혜숙(1904~82)은 인천과 인연이 닿은 인물이다. 그녀는 1904년 충남 보령군에서 태어났다. 아버지 복기업은 동학군이었다. 이 때문에 쫓겨 다니다가 기독교를 접하게 되고 후에 전도하는 일을 하게 된다. 부인 이제연도 선교사들과 함께 전도 활동을 했다.

복기업은 전도 활동 중 동학군으로 활동한 전력이 탄로 나 감옥에 갇히게 되고 심한 고초를 겪는다. 감옥에서 풀려났지만, 기독교가 조상 제사를 지내지 않고 계급 타파를 주장한다는 이유로 주위 유림과 친척 그리고 이웃 사람들에게 탄압과 따돌림을 당한다. 목사가 된 후 그는 결국 다시 경찰에 잡혀갔다. 임신 중인 아내까지 철창신세가 되었다. 흙바닥에 가마니 한 장 깔렸던 감옥에서 아내는 병을 얻었고 겨우 풀려났다. 집에 돌아와 출산했는데 애가 바로 죽었다. 날이 새면 갖다 버리려고 빨래에 싸서 윗목에 놔뒀는데 새벽녘에 뭐가 꿈틀꿈틀했다. 그렇게 복혜숙은 태어났다.

아버지는 가산을 정리하고 당시 붐을 이루던 하와이 이민 대열에 끼기 위해 인천으로 이사했다. 하와이에 가면 돈을 벌 수 있고 무엇보다 신앙의 자유가 있다는 말에 주저하지 않고 고향을 등진 것이다. 복혜숙이 인천과 첫 번째로 인연을 맺는 순간이다. 2년간 무진 애를 썼지만, 이민 계획은 실패로 돌아갔다. 아내가 안질(눈병)에 걸려 신체검

| 인천 중구 용동 골목의 돌계단에 새겨진 '龍洞券番'

사를 통과하지 못한 것이다. 함께 수속을 받던 사람들이 이민선을 타
는 것을 멀찍이 본 아버지는 하와이 이민을 포기하고 다시 충남 논산
으로 돌아가 목회에 매진했다.

　복혜숙은 '복마리'라는 이름으로 이화학당에 들어갔다. 복마리(마
리아)는 죽은 언니의 이름이었다. 일본 요꼬하마기예학교와 조선배우
학교에서 공부한 그녀는 촉망받는 여배우로 활동한다. 극단 토월회
활동 때 인천과 다시 인연을 맺는다. 당시 토월회는 인천공연에 나섰

다가 흥행에 실패하자, 남자 단원들이 밀린 여관비와 식비를 마련하겠다고 서울로 향하며 그녀를 홀로 남겨놓았다.

복혜숙은 용동권번에 속하게 된다. 권번은 일종의 기생 조합이다. 손님의 요청에 따라 기생을 전용 인력거에 태워 요릿집에 보내고 화대를 책임지고 수금하는 역할을 하는 등 매니저 역할을 담당했다. 인물, 태도, 노래와 춤 등의 심사를 통해 여자아이들을 모집해 기생으로 양성하는 일도 했다. 용동권번은 1901년 5월에 설립된 것으로 알려져 있다. 초기에는 인천의 옛 이름인 '소성(邵城)'을 따서 소성권번이라고도 불렸다. 당시에는 서울의 한성, 평양의 대동 그리고 남도의 한남권번 등이 있었다.

인천에 쌀 거래를 하는 미두장이 번성하면서 돈 많은 미곡상, 물산객주들이 몰려들자 요정집이 우후죽순처럼 생기기 시작했다. 당시 용동권번 주변에는 일월관, 용금루, 화월관, 조선각 등이 성업을 이뤘다. 1931년 통계를 보면 인천에는 일본 요릿집 8개소, 한국 요릿집 3개소, 일본 예기 33명, 한국 기생 77명이 있었다.

인천 출신 기생 중 전국적으로 이름을 날린 기생이 있다. 대중가요 가수로 스타가 된 이화자, 그와 같은 레코드사 소속의 김일타홍, 일본인보다도 일본노래를 잘 불러 일본요정으로 단골출장을 다닌 이화중선 그리고 '아리랑'의 나운규와 사랑에 빠진 영화배우 오향선도 용동권번 출신이다. 용동 기생 박미향도 빼놓을 수 없다. 그녀는 인천항에 입항한 중국 군함 함장의 마음을 빼앗아 출항 일정을 수일 넘기게 할만큼 뛰어난 미모를 지녔다고 전한다.

독립 자금 보탠 인천 기생들

　　권번에 속한 기생들은 요정에서 소리를 하고 춤을 추는 것에 그치지 않았다. 요즘 말로 하면 이벤트 행사 도우미로도 활동했다. 경인철도 개통 초기에 손님이 거의 없자 철도 회사는 승객을 유치하기 위해 궁여지책으로 '평양명기 앵금', '인천기생 초선'하는 식으로 주요 역 정거장 마당에 기생 이름을 적은 푯말을 꽂아놓고 일종의 '라이브' 공연을 벌였다. 더 나아가 기차를 타고 출발역에서 종착역까지 객차 칸칸을 왔다 갔다 하며 승객 유인에 한몫했다. 이를 보기 위해 한량들이 비싼 기차 티켓을 끊고 승차하기도 했다. 오늘날 나이트클럽의 '여성 무료입장'의 원조 격이라 할 수 있다.

　　그들은 신여성답게 현실에 대한 의식을 지니고 있었다. 1897년 1월, 인천 상봉루의 기생 9명은 90전의 돈을 모아 독립협회에 보냈다.

| 용동권번 소속 기생들 (『사진으로 보는 인천시사 ❶』, 인천광역시시사편찬위원회)

노래와 웃음을 팔아 치마 속에 넣어뒀던 쌈짓돈을 민족의 장래를 위해서 선뜻 내놓은 것이다. 또한, 1925년 7월 엄청난 비가 부천군 일대(현재의 인천시 남구, 남동구 일대)에 쏟아져 큰 피해가 발생했다. 용동권번의 모든 기생은 먹을거리를 가지고 부천군 일대를 순회하며 이재민들에게 나눠주었다.

1946년 4월 15일 용동권번 대표는 광복 후 중국에서 귀환한 전재민 동포들이 있는 수용소를 방문해 기생들이 모은 구호금 1만 원을 전달했고 동명학교에도 1만 원을 기부했다. 이밖에 영화보통학교 운동장 확장비용도 마련하는 등 사회 참여도가 높았다. 40년대에 이르러 태평양전쟁이 가열되고 쌀 배급에 이어 술 공급도 제한되면서 요정들이 하나둘 간판을 내렸고 이에 따라 권번도 문을 닫았다.

복혜숙 구하러 온 춘원 이광수

복혜숙은 용동권번에서 3년간 생활하며 기생의 권익과 권번 개혁에 앞장서기도 했다. 말주변이 좋고 자기주장이 분명했으며 의협심이 강해 때로는 남성들과 육탄전도 마다치 않았다. 1937년 문화예술인들과 함께 '서울에 딴스홀을 허하라'라는 공개 탄원서를 조선총독부에 보낸 일화는 유명한 문화사적 사건으로 기록된다.

유명 여성 연극배우가 기생이 되었다는 소문은 당시 인천 한량들을 중심으로 한껏 호기심의 대상이 되었다. 인천 지역 부호들, 유명 인사들의 관심을 집중적으로 받았으며 이와 관련한 로맨스·스캔들이 꼬리를 물었다. 후에 춘원 이광수, 인촌 김성수 등이 복혜숙이 빚 볼모로 인천에 남겨졌다는 소문을 듣고 부랴부랴 그녀를 구출하러 용동권번을 찾아왔다. 그때는 이미 3년간의 권번 활동으로 빚을 모두 청산한 상태였다.

'낙화유수', '청풍' 등 모두 400여 편의 영화에 출연한 복혜숙은 목사의 딸로 일본 유학까지 다녀온 신여성이었지만 배우, 기생, 다방마당, 첩 등 평탄치 않은 삶을 살았다. 만약 가족이 하와이 이민선에 몸을 실었다면 복혜숙과 한국의 영화계는 또 다른 여정을 걸었을 것이다. 그녀는 2006년 단성사 개관 100주년을 기념하여 선정한 '한국영화 100년을 빛낸 영화인 100인' 중 여배우 26명 안에 당당히 자리를 차지하였다.

또 다른 하와이 한인들

1946년 8월 8일 '제네럴언스트'라고 쓴 군함 한 척이 인천항에 닿았다. 그 배의 출발지는 태평양 건너 하와이였다. 낯선 복장을 한 수많은 군인이 줄지어 내렸다. 그들은 태평양 전쟁 때 미군의 포로가 된 한인 청년들이었다. 자신의 의도와 상관없이 일제에 의해 강제 징집되어 사이판, 오키나와 등 이른바 남양군도(남태평양) 지역 일본군에 배속된 군인과 군속이었다. 일본군이 궤멸할 때 구사일생으로 목숨을 건져 포로의 몸으로 하와이에 수용되었다. 3천여 명의 전쟁포로 한인 청년들은 고국을 떠난 지 길게는 3년, 짧게는 6개월 정도 된

| 플랜트 농장에서 일하고 있는 하와이 이주 동포

상태였다.

그들은 비록 포로의 신분이었지만 수용소 안에서 비교적 자유롭고 안락하게 지냈다. 그들은 월 3불의 수당을 받았고, 수용소 외의 임시 노동 또는 세탁소에서 일하면 하루 80센트의 수당을 받았다. 포로들은 1945년 3월 약 3천 달러를 자발적으로 거두어 미 적십자사에 기부하기도 했다.

한인 포로들은 먹는 것에 큰 어려움이 없었다. 미군이 제공하는 쌀을 주식으로 삼았으며 배추를 재배해 김치를 담가 먹기도 했다. 간혹 쌀에다 설탕과 효모를 넣어 술을 빚어 몰래 마시는 이들도 있었다. 수용소 안에는 간이식당이 있어 자비로 커피를 즐길 수도 있었으며 넓은 공터에서 주 1회 또는 2회 상영하는 영화도 즐겼다.

조선 땅에서는 거의 접할 수 없었던 야구와 배구 같은 운동도 즐겼다. 한인 포로들이 만든 60쪽 짜리 주간지 '자유한인보'에는 1945년 11월 11일에 이탈리아 포로들과 축구시합을 벌여 5대 3으로 패하였다는 기사가 실렸다.

영어 배우기를 희망하면 1주 2시간 영어 교육을 받을 수 있었다. 포로 중에는 귀와 말문이 틀 정도의 영어를 배워 귀국하는 사람도 있었다. 이때 배운 어설픈 영어로 미군정 시절부터 직업과 돈을 얻은 사람이 적지 않았다. 그들은 수용소에서 전투 훈련받고 일본과 싸우길 원했다. 미 육군성과 협의하여 적 지역 침투 요원 등으로 활용하려고 했는데 제네바협정 등 국제조약 위반이라는 지적 때문에 포기했다.

고국은 광복되었지만, 그들은 바로 돌아가지 못했다. 일본이 패전한 지 넉 달 후에 집으로 돌아갈 수 있었다. 한인 포로들의 귀환은 두 차례에 걸쳐 이루어졌다. 제1진 2,614명은 1945년 12월 22일 제너럴 언스트호를 타고 하와이를 떠났다. 태평양을 건너 일본 요코하마를 거쳐 한국으로 향했다. 1946년 1월 7일 멀리 팔미도 등대가 눈에 들어왔고 잠시 후 월미도가 보이기 시작했다. 그들은 모두 갑판에 나와 서로 얼싸안고 목 놓아 "만세"를 외쳤다. 인천항에 많은 사람이 마중 나왔다. 그렇게 그들은 생사를 넘나들다 꿈에 그리던 고국 땅을 밟았다. 제2진 105명도 1946년 8월 8일 빅토리호를 타고 모두 귀환하였다. 그들은 곧 인천역에서 기차를 타고 서울로 갔다가 각각 고향으로 돌아갔다. 인천항은 이렇게 하와이와 계속 인연을 이어갔다.

태평양 건너 온 인하대 설립 기금

1979년 2월 24일 비 오는 오후, 인하대학교 인경호 주변에 많은 사람이 모였다. 그들 사이에 프란체스카 여사, 조중훈 이사장, 이재원 총장 등의 모습도 보였다. 잠시 후 이승만 전(前) 대통령의 모습이 보였다. '동상(銅像)'으로 그가 다시 돌아왔다. 4·19 혁명 후 각 지에 있던 그의 동상이 무참히 철거되었다. 그 이후 20년 만에 처음으로 인하대 교정에 동상이 건립되었다. 이 동상은 이승만이 1965년 세상을 떠난 후 첫 번째로 세워지는 것이었다. 하와이 한인동지회에서 보낸 성금으로 6m 30cm(좌대 3m 포함) 높이로 세워졌다. 추념문에는 '하와이 이민의 한 많은 눈물을 받아 본교 창립에 크게 이바지한 초대

1954년 하와이 동포들의 후원으로 개교한 인하공대의 기공식 축하 아치

대통령'이라고 쓰였다.

동상은 학원 민주화 바람을 비껴가지 못했다. 1983년 10월 학생들에 의해 동상은 밧줄에 묶여 땅으로 내동댕이쳐졌다. 동상은 현재 학교 측에서 원형대로 복원해 보관하고 있다. 현재 동상 없는 석대만 30년 동안 작은 연못 인경호를 쓸쓸히 바라보고 있다.

인하대와 이승만 전 대통령 인연은 1913년으로 거슬러 올라간다. 1903년 하와이에 사탕수수 재배 노동자로 떠난 이민자들은 1913년 사녀교육을 위해 하와이에 한인기숙학교(한인기독학원)를 설립했다. 그들은 이승만을 교장으로 초빙했다. 그가 대한민국 임시정부 대통령에 선출되면서 학교 운영에 전념하기 어려워졌고 그 뒤 좀 더 높은 수준의 학교가 세워지자 결국 기독학원은 1947년 문을 닫게 되었다. 그러자 동포들은 한인기독학원 판매대금 15만 달러를 조국의 대학 설립기금으로 보내고 싶다는 뜻을 고국에 전했다. 미국 매사추세츠공과대(MIT)와 같은 최고 수준의 대학을 설립하겠다는 의지를 갖고 있던 이승만 대통령은 다수 하와이 교포들의 '고향'이기도 하고 한창 공업단지가 들어서는 등 공대 설립의 장점이 많은 인천을 점찍었다.

인천시는 용현벌 부지 41만㎡를 무상 제공했다. 그곳은 온통 미나리밭과 배추밭이었고 6·25 전쟁 이후에는 한동안 피난민수용소로 사용되었던 곳이었다. 육군공병단에서는 교지의 터 닦기 작업을 위해 장병과 군 장비를 투입하기도 했다. 1954년 2월 5일 설립자 이승만, 초대이사장 이기붕의 이름으로 대학설립 인가가 났다. 마침내 그해 4월 24일 용현 벌에 '인하공과대학'이 세워졌다. '인하'라는 이름은 인천(仁川)과 하와이(荷蛙伊) 앞 글자에서 따왔다. 대학 설립에 막대한

| 동상 없이 석대만 남은 인하대 교정의 이승만 동상

영향을 끼친 이승만 대통령은 1960년 하야할 때까지 매년 입학식과 졸업식에 참석할 정도로 인하대에 남다른 애정을 가졌다. 하와이 교민들은 대학설립 후에도 꾸준히 관심을 보여 1958년 하와이 동지회 건물을 매각한 돈을 인하대에 기증하기도 했다.

인하대 교정에서는 사라졌지만, 인천에는 여전히 이승만 동상이 있다. 중구 신흥동 3가 인하대병원 바로 옆에 자리 잡은 CJ제일제당 인천 1공장 안에 이승만 대통령 입상(1.2m)이 있다. '한국의 은인상'이란 이름으로 맥아더 장군 동상(1.2m)과 나란히 서 있다. 삼성그룹 고(故) 이병철 회장이 이들의 업적을 영원히 기리기 위해 지난 1984년에 세웠다.

京城の咽喉をなす。
古い開港場仁川港。
對外貿易は朝鮮開港場中、
第一位にある活況の港。

2부

제물포항, 세상이 들어오다

- 누구를 위해 종은 이곳에 왔나
- 제물포항으로 들어온 서양 나무들
- 100년 후 박지성으로 이어진 강화학당 축구팀
- 가비에서 막대기 커피까지
- 동양의 포세이돈 마조여신
- 춘장과 호떡, 그 달콤함과 씁쓸함

일제강점기 인천으로 강제 공출된 중국 하남성 사찰의 종들. 현재 인천시립박물관 야외 전시장에 있다.
(유창호 사진)

누구를 위해 종은 이곳에 왔나

　　　　2015년 8월 어느 날, 서울의 신화넷(중국 신화사 인터넷신문) 사무실에 전화벨이 울렸다. 알고 지내는 한국인 기자의 제보 전화였다. 그는 신화넷 기자에게 인천시립박물관에 일제강점기 중국으로부터 건너온 큰 종이 있다고 알려줬다. "중국 종이 왜 거기에?" 전화를 받은 기자는 갸웃거렸다. 3년 넘게 한국에 있었지만 그런 말은 들어본 적 없었다.

　기자 일행은 바로 다음 날 내비게이션을 따라 인천광역시 연수구 옥련동 청량산 기슭에 자리 잡은 인천시립박물관에 도착했다. 그들은 박물관 뒤뜰에서 송(宋)·원(元)·명(明) 시대의 대형 범종 3구와 마주했다. '이거 얘기가 되겠구나.' 묘한 감정을 벅차게 느꼈다. 박물관 직원의 안내를 받으면서 취재의 그림을 그려갔다. 범종에 대한 이야기, 인천으로 오게 된 사연, 현재의 보존 상태 등을 상세하게 취재했다. 신화넷의 보도를 통해 이 이야기는 중국 신화통신을 비롯해 천진넷, 운남TV 등 다수의 중국 언론에 다시 소개되며 중국 대륙에 순식간에 퍼져 나갔다.

평안 빌던 범종, 무기로 환생

1937년 일제는 중국을 침략한 후 동남아 쪽으로 전선을 확장하며 전쟁을 계속 도발했다. 연합군의 강력한 반격으로 전세가 역전되었다. 다급해진 일본 군부는 전쟁 물자 공급을 위해 일본과 조선에 금속류 공출령을 공표했다. 이에 따라 가정에서 쓰는 놋그릇, 숟가락 심지어 요강까지 싹쓸이로 거둬들였다. 급기야 안성~장호원, 문경~안동을 연결하는 철길까지 뜯어냈다.

부피가 큰 사찰의 종은 최고의 공출품이었다. 사찰의 범종들은 선박의 프로펠러, 포탄, 탄알 등 군수품으로 만들기 위해 용광로 속으로 들어갔다. 평화와 안식의 상징인 종이 사람을 해하는 무기로 환생했다.

범종 못지않은 좋은 무기 재료는 동상(銅像)이었다. 동상이 드물었던 그 시절, 연세대 교정의 선교사 언더우드 동상은 좋은 타깃이었다. 1928년 세워진 그의 동상은 끌어내 져 제국주의 군대의 살상 무기가 되었다. 연세대는 그의 동상을 3번이나 다시 세우는 수난을 당했다. 1948년 10월 두 번째 세운 동상은 서울을 점령한 인민군에 의해 파괴됐다. 세 번째로 1955년 4월에 세운 것이 현존하고 있다. 언더우드는 죽어서도 동상을 통해 우리 민족의 수난을 함께 겪었다.

일제는 한반도뿐만 아니라 중국대륙과 대만에 이르기까지 강제로 쇠붙이를 끌어 모았다. 이때 중국 하남성 사찰 경내에 있던 범종들을 약탈한 후 선박을 이용해 인천항으로 옮겼다. 부두에서 다시 육군 조병창(부평)으로 실어 날랐다. 조병창(造兵廠)은 1939년 인천 부평구 산곡동 일대에 건설된 무기 제조 군수공장이다. 조병창이 들어선 곳은 당시만 해도 경인선 역 중에서 가장 마지막인 1934년에서야 겨우 전기가 들어왔을 만큼 오지였다. 조병창이 설립되면서 부평역 일대는 본격적인 도심으로 조성되었다.

　일제가 날뛸수록 조병창의 가동률은 높아갔다. 부평 조병창에서는 광복이 될 때까지 매월 소총 4천 정, 총검 2만 정, 탄환 70만 발, 포탄 3만 발, 군도 2천 정, 차량 200량 등을 만들어 냈다. 조병창 무기 생산 과정에는 일제의 편협한 사고방식을 엿볼 수 있는 대목이 있다. 그들은 일왕을 신적인 존재로 부각하기 위해 38식 소총 노리쇠에 일왕의 상징인 국화를 새겨 넣었다. 총에 혼을 불어넣는다고 일일이 수작업으로 국화를 새겨 넣자 생산성이 뚝 떨어졌다. 전선에서는 총이 없다고 아우성이었는데 조병창에서는 노리쇠에 국화를 새겨 넣느라 전쟁의 '골든타임'을 놓치고 있었다. 일왕의 상징이 새겨진 이들 총은 일본군이 패주하면서 놓고 가 6·25 전쟁 때 국군과 경찰의 무기로 사용되기도 했다.

| 인천 경정(현 경동)에서 공출품으로 모은 각종 금속류들. 우측에 작은 동상도 보인다. (부평역사박물관 소장)

'판타지'가 이끈 보물찾기 소동

당시 조병창에는 수천 명을 헤아리는 군인과 군속이 종사했다. 이곳에 근무하면 징용을 면제해주는 특혜 때문에 피난처로 삼고자 많은 외지인이 전국에서 몰려들었다. 그들 중에는 이곳에서 무기를 몰래 빼내 일본 요인이나 친일파의 암살 기도용으로 사용하거나 임시정부에 공급하려는 이들도 있었다고 전한다. 요즘으로 말하면 일종의 '위장취업'이었던 셈이다. 조병창은 부족한 노동력을 보충하기 위해 서울의 학생들까지 동원했다. 학생들의 사보타지로 인해 군수품 생산량이 급감하자 일제는 보성전문학교 폐교까지 검토할 만큼 악랄했다.

정신대(위안부)로 끌려가지 않기 위해 학교를 자퇴하고 조병창에 취업했던 여학생들 (이영애 제공)

조병창에는 여학생들도 있었다. 1944년 8월 23일, 일본 후생성은 이른바 '여자정신대근무령'을 공포하고 12세에서 40세까지의 조선 여성을 강제징집했다. 일제는 조선 여성들을 강제로 동원해 일본군대의 위안부로 삼았다. 끌려가지 않으려면 학교를 자퇴하고 취직하는 게 유일한 탈출구였다. 20~30명의 한 반 인원 중 절반 이상이 자퇴했다. 당시 조병창 인근에 있던 소화고등여학교(현 인천박문여고)에는 일본 아이들이 반 이상을 차지하고 있었는데 자퇴한건 조선인 학생들뿐이었다.

인근 동네 사람들 사이에서는 오래전부터 조병창 안에 큰 연못이 있다는 소문이 돌았다. 그 연못의 깊이는 시시때때로 변했다고 한다. 인천 앞바다와 터널로 연결돼 있으므로 썰물 때와 밀물 때 연못의 깊이가 다르다는 것이다. 어떤 사람이 연못에서 멱을 감다 실종되었는데 한참 후에 인천 앞바다에 시체로 떠올랐다는 괴소문도 돌았다.

일제 패망 후 미군이 조병창을 접수하자 모두 그 안이 궁금했다. 특히 수많은 창고에 저장돼 있는 물자의 양이 궁금했다. 1946년 1월 25일 자 대중일보를 보자. "인천 공업인들이 1톤에 2천5백 원을 줘도 입수하기 힘든 코크(코크스)가 무려 5천톤이나 쌓여 있고 어떤 공장에서든지 필요한 스패너가 약 20대 화차분이나 쌓여 있으며 철재를 비롯한 군수품이 산적해 있다."

실제로 당시 국내에서 1년에 3천톤이면 충분한 고무 원료가 조병창에서 1만톤이나 발견되었다. 이로 인해 고무제품 가격이 급락했고 특히 고무신 값이 80원 정도 '왕창' 하락하기도 했다.

조병창에는 각종 보물과 유물을 숨겨놓은 거대한 보물창고가 있을

| 인천(부평)육군조병창은 6·25 전쟁 후 미군부대 '캠프 마켓'이 들어섰다. (부평역사박물관 소장)

것이라는 씁쓸한 '판타지'도 있었다. 이와 관련해 실제로 1986년 4월 이 동네에서는 '보물찾기' 소동이 한바탕 벌어진 적 있다. 일본군 병기제조공장이 있던 자리에서 청나라·중화민국의 동(銅)화폐와 놋그릇 등 각종 '유물'이 무더기로 출토되었다. 2차 세계대전 말 포탄 등 무기를 만들기 위해 일제가 조선 각지는 물론 중국에서 거둬들인 동·철제품이 그곳에 묻혀 있었던 것이다.

이곳에 있던 공공기관이 다른 곳으로 옮겨가면서 땅속에서 화폐 등이 쏟아져 나오자 인근 주민과 화폐수집가·고물상 등 하루 500여 명이 몰려들어 '보물찾기'에 나섰다. 출토된 유물은 중국 청조에서 통용되던 황동 동전과 중화민국 개국 기념화폐를 비롯해 칼, 놋그릇, 수

저 등이 주류를 이뤘다. 드물게 우리나라의 상평통보와 청동불상 등도 나왔다. 많이 캔 사람은 혼자서 1천 점 이상을 '발굴'하기도 했다. 이후에도 '보물창고'에 대한 소문은 끊이지 않아 1990년대 말 국가 차원에서 대대적인 발굴 조사 작업을 벌이기도 했다.

조병창 마당에서 주위 온 보물들

바다를 건너온 중국 범종들은 용광로 속 쇳물이 되기 일보 직전 일본의 패망으로 겨우 '목숨'을 보전했다. 광복 후 인천시립박물관 건립을 준비하던 초대 관장 이경성은 당시 국립박물관 김재원 관장을 통해 조병창에 중국 각지에서 빼앗아 온 '물건'들이 있다는 소식을 들었다.

이 관장은 당시 인천 미 군정청 교육담당관이었던 홈펠(Hompel) 중위와 함께 조병창으로 갔다. 이미 그곳은 미군이 접수했기 때문에 그를 앞세울 수밖에 없었다. 미처 무기화되지 못한 금속품들이 조병창 마당과 창고에 잔뜩 쌓여 있었다. 눈에 띄는 몇 점을 골라 서둘러 미군 트럭에 신고 왔다. 중국 범종 3구가 인천시립박물관의 유물이 된 기구한 운명의 시작이다. 현재 이 유물들은 인천시 지방유형문화재 제3호로 지정돼 있다.

이 범종들은 모두 중국 하남성에서 제작된 것으로 추정된다. 원나라 범종은 하남성 안양현(安陽縣)에서 제작되었으며, 명나라 범종은 하남성 상구현(商丘縣)에서 태산행궁(泰山行宮)이라는 사원에 갈 목적으로 만들어졌다. 송나라 범종은 정확한 제작 장소를 알 수 없다. 다만 종의 몸체에 새겨진 수무현(脩武縣) 등의 지명으로 볼 때 주조 장소나 사용처가 오늘날 하남성 지역으로 추정된다. 나이는 서로 다르지만 태어난 곳은 모두 중국 하남성이다.

　인천시립박물관은 한국 유물을 소장하고 있는 어느 중국 박물관으로부터 유물을 교환하고 싶다는 제안을 받은 적이 있지만, 정중히 거절했다. 이들 유물이 인천에서 발견된 것이기에 그 나름대로 특별한 의미가 있고, 역사의 증거로서 시립박물관에 남기를 바라는 뜻을 전했다.

꿩 대신 닭, 전등사의 종

　　　중국 종과 관련한 흥미로운 이야기는 계속된다. 강화도 산속에 있던 전등사의 종과 불기(佛器)들도 강제로 공출되었다. 광복 직후 전등사 주지는 빼앗긴 동종(銅鐘)을 찾고자 백방으로 수소문했다. 종의 행방은 묘연했다. 혹시 인천 쪽에 버려져 있지 않을까 하는 마음이 들어 행장을 꾸려 길을 나섰고 결국 조병창까지 갔다. 그곳에서도 전등사 종을 찾을 수 없었다. 종은 이미 쇳물이 된 것으로 결론 내고 심히 낙담한 채 조병창 마당을 이리저리 배회하고 있는데 커다란 철종(鐵鍾) 하나가 눈에 들어왔다. 그 종을 전등사 종이라고 완강히 우겨 겨우 싣고 나올 수 있었다.

　북송 시대인 1097년 중국의 하남성 백암산 숭명사에서 주조했다

전쟁에 광분한 일제가 강제 공출했던 강화의 종

는 명문이 있는 그 종은 지금도 전등사 종루에 매달려 중생들을 구원하고 있다. '꿩 대신 닭'이 된 종은 보물 제393호로 지정되었다. 결국 '닭'으로 가져온 종이 이제는 '꿩'이 되었다. 불교는 인연을 중시하는 종교다. 역사의 수레바퀴에 실려 온 중국 종들은 이 땅에서 새로운 인연을 맺고 한국의 중생들과 정토에서 복된 삶을 함께하고 있다.

강화도에는 또 다른 종 이야기가 있다. 1866년 병인양요 때 강화도에 상륙한 프랑스 함대 병사들은 정족산성에서 멋진 동종과 마주했다. 꼭대기에 두 마리 용이 등을 맞대고 있고 안쪽에 아홉 개씩의 연꽃이 새겨져 있는 종이었다. 사찰에서 사용한 것이 아니라 강화 성문을 여닫는 시간을 알리던 종이었다.

길거리 청소부도 문화재 감정을 할 줄 안다는 프랑스이니, 프랑스 병사들은 한눈에 보물임을 알고 배에 싣기로 했다. 강화읍 서문 밖 토끼다리(兎橋)까지는 종을 밀고 당기고 때로는 굴려서 끌고 갔다. 전황이 급박하게 돌아가고 있었다. 어디서 조선 병사의 화살이 날아올지 모르는 상황이었다. 종에 목숨 걸다 인생 종 칠 수 있다는 생각이 들었다. 결국 그들은 '전리품'을 포기했다. 놓고 간 종은 한동안 강화읍 관청리에 있었다. 1976년 강화 중요 국방유적 복원 정화사업 때 고려궁지로 이전했다. 1999년 종의 보존을 위해 강화역사관 내부로 옮겨 전시하다 2010년 10월 개관한 강화역사박물관으로 거처를 옮겼다.

교회와 성당의 종에도 예외는 없었다. 1900년 11월 15일 축성된 강화읍 성당(현 대한성공회 강화성당)은 대한성공회 120년의 선교 정신을 오롯이 담고 있는 현존 최고(最古)의 교회로, 이곳도 일제 침략의 상처를 간직하고 있다. 1943년 전쟁 물자 공출로 교회 정문에 있던 쇠로 된 계단 난간과 종이 뜯겨 나갔다.

2008년 한국을 방문한 일본 성공회 도쿄 교구 사제와 성도들은 이 얘기를 듣고 "우리 조상이 저지른 일을 부끄러워하며 이를 깊이 사과한다."는 입장을 표명했다. 어느 70대 성도는 복원 비용으로 즉석에서 2만 엔을 내놓았다. 이를 계기로 일본성공회는 난간 복원을 위한 모금을 진행했다. 3년 후 강화성당 축성 110주년 기념 감사성찬례 때 계단 난간 복원 제막식도 함께 열렸다. 현재 성당 정문에는 난간 복원을 기념하는 표지판이 양국의 성공회 이름으로 세워졌다.

"…일본 성공회 성직자와 신자들은 과거 일제가 일으킨 침략전쟁을 참회하고, 한·일 양국의 진정한 화해와 동아시아의 평화 공존을 염원하는 마음을 담아 정문 계단 난간을 복원해 봉헌하였습니다. 대한성공회는 과거의 과오를 참회하고 평화를 향한 교회의 영원한 사명을 역사 속에서 실천한 일본 성공회의 용기에 감사와 연대의 뜻을 표합니다."

인천 답동성당의 종도 공출의 표적이 되었다. 아름답고 정교한 문양이 새겨진 이 종은 인천 해관원이었던 중국인 가톨릭 신자 오례당이 기부한 것이다. 전쟁에 광분한 일제는 무기 생산을 위해 3개의 종을 뜯어가려 했다. 성당 측은 완강하게 저항했지만 다른 지역 성당에서 종을 헌납하기 시작하자 더 이상 버티기 힘들었다. 그때 성당 주임 신부가 '기발한' 제안을 했다. 종을 무기로 만들기보다 차라리 인근 마을에 설치해서 주민들이 공습에 대비한 경계경보용으로 사용하자고 한 것이다. 듣고 보니 그럴 듯했다. 성당 종은 종탑에서는 강제로 내려왔지만 조병창 행만은 피할 수 있었다. 종은 광복과 더불어 무사히 성당에 되돌아왔다.

| 130년이 넘은 우리나라 최초의 플라타너스 (김성환 사진)

제물포항으로 들어온 서양 나무들

우리 땅에 박힌 저 수많은 나무는 그냥 '나무'가 아니다. 우리의 삶을 담은 '시간'이다. 강제 개항부터 일제강점기를 거쳐 6·25전쟁까지, 인천의 지나온 세월은 굴곡지고 파란만장하다. 저마다 곡절 있는 사연을 품고 자란 나무는 한 장소에 뿌리내리고 인천의 모든 시간을 묵묵히 살아냈다. 지난한 세월에 나무의 가슴에는 몇 개의 옹이가 단단히 박혔다. 이 땅에 뿌리박은 나무들은 단순한 경관에 머물지 않고, 간직한 이력과 상처, 애환에 따라 곧 우리 삶의 아픔이고 역사다.

최초의 근대식 공원에 심은 플라타너스

버즘나무는 나무의 껍질이 조각조각 벗겨지며 버짐이 핀 것 같다 해서 그 이름을 얻었다. 우리에게는 '플라타너스'가 익숙하고 낭만적인데, 이 나무에 대한 추억을 6, 70년대 초등학교에 다닌 사람이라면 하나쯤 갖고 있을 것이다. 전국의 웬만한 학교에는 거목의 버즘나무가 우뚝 서 있었고 아이들은 그 그림자 밑에서 놀았다. 방울처럼 생긴 열매는 악동의 손에 들어가면 공포의 꿀밤이 되곤 해서 흔히 '꿀밤나무'라고도 불렀는데, 실제로 북한에서는 '방울나무'라고 부른다.

자유공원 제물포구락부 앞 오솔길에는 키 큰 아름드리 버즘나무가 인천 앞바다를 굽어보고 있다. 우리나라에서 가장 오래된 플라타너스다. 나무 앞에 세워진 안내판에는 '소재지 중구 송학동 1가 11의 1번지, 수령 131년, 높이 30.5m, 둘레 4.7m, 소유자 중구청장'이라고 적혀 있다.

나무 나이 131년을 거슬러 올라가면 인천의 개항기와 맞닿는다. 이 나무는 1888년 국내 최초의 근대식 공원인 '각국(各國)공원'을 조성될 당시 제물포항을 통해 들어와 공원 조경수로 심어진 것으로 추정된다. 1905년 이 공원 안에 건축된 영국인 무역상 존스턴 별장 사진에 같은 종류의 플라타너스가 존재했던 것이 이를 뒷받침한다. 비슷한 시기 개항장 주변의 러시아 영사관, 세창양행 사택 등에도 이 나무가 흔하게 정원수로 심어졌다.

나무는 1백 년 넘게 한 자리를 지키고 있는데 공원의 이름은 이 땅의 운명과 함께 명칭도 바뀌었다. 개항 직후 러시아인 건축가 사바틴이 각국조계 안에 설계한 '각국(各國)공원'은 후에 '만국(萬國)공원'으로 이름이 바뀌었다가 일제강점기에 '서(西)공원'으로, 6·25 전쟁 후엔 인천상륙작전으로 대한민국이 자유를 얻었다는 뜻에서 '자유(自由)공원'으로 개칭되었다.

지난 1987년 태풍 셀마가 경인 지역을 사납게 할퀴고 갔을 때, 공원의 오래된 플라타너스들이 힘없이 쓰러졌다. 비바람에 겨우 살아남았지만 이후 공원 광장에서 볼 때 바다 경관을 가로막는다는 이유로 대부분 잘려나갔다. 다행히 이 플라타너스는 월미도 방향으로 살짝 비켜나 있어 날카로운 톱날을 피해 오늘도 버짐을 왕성하게 피우고 있다.

인천신사를 화장시킨 아까시 나무

이 나무처럼 애증이 교차하는 나무가 있을까. '동구 밖 과수원길 / 아카시아 꽃이 활짝 폈네… / 아카시아 꽃 하얗게 핀 / 먼 옛날의 과수원길'. 동요 덕분에 한동안 전 국민이 이 나무의 이름을 잘못 불렀다. 우리가 흔히 보아왔고 잘 알고 있다고 생각하는 아카시아 나무는 '아까시 나무'가 맞다. 두 나무는 전혀 다른 종의 나무다.

아까시는 1891년 해운회사인 일본우선회사(현 인천아트플랫폼 소재) 인천지점장으로 부임한 사까끼가 중국 상해에서 묘목을 구입해 인천공원에 심은 것이 우리나라 땅에서의 시작이다. 이와 관련해 신묘년(1891) 4월 15일, 외교통상 업무를 맡았던 통리교섭통상사무아문이 인천 감리에게 보낸 공문이 있다. '상해(上海)에서 구입한 각종 꽃나무 89건을 중국 윤선(輪船)에 싣고 현재 인천항에 도착하였는데, 이 물건들은 모두 어용(御用) 물건이므로 특별히 면세하는 것이 합당하다. 이에 귀 감리(監理)는 관문의 내용대로 인천항 세무사에게 해당 꽃나무 89건은 특별히 면세하여 통관을 허가하게 하라.'

동(東)공원(현 인천여상)에는 일본인들이 신성시하던 인천신사(仁川神社)가 있었다. 일본인들은 신사 주변을 치장하기 위해 아까시를 많이 심었다. 이후 아까시는 1897년 월미도에 조림했다. 특히 1918년 인천부에서 월미도를 풍치지구로 지정하면서 월미산 중턱에 회주도로를 뚫고 공원을 조성하기 시작했는데 산 곳곳에 아까시와 벚나무 등을 많이 심었다. 덕분에 월미도는 봄이면 전국에서 상춘객이 몰려들었고 철도국은 경인 철도의 특별 화열차(花列車)를 운행하기도 했

만국공원에 있던 영국인 무역상 제임스 존스톤 별장과 주변의 수목들.
현재 이 자리에는 한미수교 100주년 기념탑이 세워져 있다.
(『건축으로 보는 도시 인천』, 인천광역시 역사자료관)

다. 아까시는 1907년 서울 백운동의 사방 공사에도 심어졌으나 성과를 보지 못한 것으로 기록돼 있다.

바람에 실려 오는 달콤하고 강한 아까시 향기는 도심의 찌든 악취를 한 방에 날려 보낸다. 그 향기만큼이나 곡절도 짙다. 1년에 3m씩 자라는 엄청난 속도와 땅 속 뿌리의 끈질긴 번식력 탓에 아까시 나무는 6·25 전쟁 이후 농촌 연료를 해결하기 위해 본격적으로 심기 시작했다. 80년대까지 이 땅의 황폐지를 복구하는 사방사업의 '모범 나무' 대접을 받으며 식목일의 단골 나무가 되었다.

너무 과한 번식력은 화(禍)가 되었다. 개간한 산에서 농사를 못 짓게 할 만큼 주변의 나무를 죽게 하는 골칫덩어리로 전락했다. 나무뿌리가 관을 뚫고 들어가 조상 묘지를 망치는 불경을 저지르는 '나쁜 나무'로 인식되기도 했다. 오랜 기간 홀대받은 아까시 나무는 1998년 IMF 외환 위기 시절 '숲 가꾸기 공공근로사업'이 시행되자 산주들에 의해 제일 먼저 베어져, 이제 노래와 달리 동구 밖 과수원 길에서조차 보기 힘들어졌다.

포탄 세례 맞은 땅에서 움튼 느티나무

1950년 인천상륙작전이 시작되기 며칠 전부터 이미 월미도는 포탄 세례를 받았다. 미 해병대 항공기는 네이팜탄으로 월미도를 무차별 폭격했다. 9월 15일 상륙작전 당일 미 전함들은 온종일 인천을 향해 포를 쏴댔다. 새까맣게 날아온 포탄들이 월미도 전역에 쏟아졌다. 월미산은 세 번 뒤집어졌다. 쑥대밭이 된 월미산에서는 한 포기 풀조차 찾아볼 수 없었다.

'밤낮으로 퍼부은 포격에서 과연 살아남은 나무가 있을까?'. 2015년 말 인천시 서부공원사업소는 단순한 의문과 호기심으로 월미공원 내에 있는 큰 나무를 모두 조사했다. 이와 함께 제17사단의 협조를 받아 금속탐지기를 동원해 포탄 파편 등을 찾기 위해 주변을 탐색했다. 8종, 89그루의 수목을 '발견'했다. 국립산림과학원 등 전문기관에 의뢰해 나무의 나이를 정밀 감정했다. 느티나무 1그루, 은행나무 2그루, 소나무 1그루 등 일곱 그루를 6·25 전쟁의 포화 속에서도 살아남은 나무로 최종 선정했다. 스스로 상처를 치유하고 살아난 그 나무들은 인천상륙작전 그날의 생생함을 고스란히 간직하고 있다. 나무들은 '월미 평화의 나무'로 명명됐다.

| 인천상륙작전 때 함포로 깡그리 불 타버린 월미산 (인천시)

| 치료받고 있는 월미 평화의 나무 (인천시)

　　그중 수령 245년 된 느티나무는 상처 난 부위를 보정하고 치료하는 외과수술을 받았다. 월미도 최고령의 이 나무는 오늘도 대한민국 근·현대사의 아픔을 품고 있는 격랑의 인천 앞바다를 위엄 있게 내려다보고 있다.

경인선 개통과 함께 한 라일락 나무

　　경인선 출발역이자 종착역인 인천역 대기실 옆 모퉁이에는 수수꽃다리(일명 라일락)가 비스듬히 누워있다. 지표면에서 170㎝ 쯤 되는 줄기의 지름이 20㎝에 이르는 우리나라에서 가장 굵고 오래된 수수꽃다리다. 개항기에 인천항을 통해 들어온 뒤 1899년 개통된 우리나라 최초의 철도인 경인선 시발지였던 인천역에 심었던 것으로 보인다.

이 오래된 거목은 안타깝게도 지금 '생명'이 없다. 얼마 전 고사한 채 발견되었다. 지난 2011년 인천역 자료사진과 2013년 인천역 직원이 "라일락에 꽃이 피었다"는 증언을 토대로 하면 지난 2013년까지 생존한 것으로 추정된다. 노쇠함 때문에 덩치치고는 자람의 세력이 넉넉지 못했지만, 매년 4월 중순쯤 연보라색 꽃을 피울 때만큼은 그 향기가 대단했다.

이 수수꽃다리는 경인선 개통 이후 인천역 구석에 자리 잡고 간혹 승객의 옷깃에 스쳐 매혹적인 향을 100년 넘게 서울로 전했을 것이다. 꽃향기와 더불어 수많은 서양 문물이 이곳을 거쳐 우리나라에 전해졌다. 비록 생명을 다했지만, 인천역의 수수꽃다리는 그 존재만으로도 역사·문화·조경학적으로 중요한 의미를 담고 있다.

100년 후 박지성으로 이어진 강화학당 축구팀

2004년 6월 22일 오전 11시, 인천항에 정박한 영국 군함 '엑시터호' 함상. 휘슬이 울리자 한바탕 축구 경기가 벌어졌는데, 복장이 특이했다. 한 팀은 대님으로 묶은 흰색 바지와 저고리를 입었고 흰색 수건으로 머리를 동여맸다. 상대 팀은 서양의 전통 수병 복장을 했다. 그들은 조선팀과 영국 해군팀이었다. 이날 사용한 볼은 대한축구협회 전시관에 보관돼 있던 1920년대 축구공이었다.

대한축구협회는 2003년 창립 70주년을 맞아 주한 영국대사관에 공로패를 전달했다. 이 자리에서 협회와 대사관 양측은 양국이 함께 축구 전래 과정을 재연해보자는 데 뜻을 모았다. 일 년 후 영국 군함이 인천항에 입항하게 되자 이 행사가 성사된 것이다.

공설운동장에서의 축구 시합 (인천시)

축구공을 싣고 온 플라잉피시호

　　시곗바늘을 122년 전으로 돌려본다. 1882년(고종19년) 6월, 제물포항에 영국 군함 '플라잉피시(Flying Fish)'호가 미끄러지듯 들어왔다. 그들은 임오군란 직후 동맹 관계에 있는 일본을 지원하고자 제물포항에 닻을 내린 것이다. 군함의 수병들은 오랜 선상 생활에 좀이 쑤셨다. 잠시 지루함에서 벗어나기 위해 몇 명의 수병들이 조심스럽게 주위를 살피며 부두로 내려왔다. 파란 눈을 한 수병의 손에는 둥근 물건이 들려 있었다. 그들은 편을 갈라 부두 공터 이쪽에서 저쪽으로 왔다 갔다 하며 그 둥근 것을 발로 차기 시작했다.

　　얼마쯤 시간이 흘렀을까, 부두 위쪽 언덕에서 무장한 조선 군졸들이 부두를 향해 달려왔다. 영국 수병들은 부랴부랴 배로 돌아갔다. 당시 조선은 대원군의 쇄국정책이 최고조에 달했던 때로 서양 함선에 대한 경계가 심했다. 플라잉피시호 수병들은 관가의 허가도 없이 상륙했기 때문에 조선 군졸들에게 쫓기게 된 것이다.

　　영국 수병들은 얼떨결에 그만 그들이 발로 찼던 둥근 물건을 놓고 가고 말았다. 부둣가에서 이를 지켜보던 아이들이 그것을 주워 좀 전에 영국 군인들이 하던 것을 그대로 흉내 냈다. 둥근 것은 '축구공'이었으며 아이들이 흉내 낸 몸짓은 바로 '축구'였다. 이것이 우리나라에 축구가 처음 들어오게 된 첫 장면이다.

　　수병들은 급히 쫓겨 간 것이 아니라는 설도 있다. 그들은 부두에 내려 인천인들과 담배를 나눠 피우며 편안하게 환담한 후 자기들끼리 볼을 찼고 인천인들은 이를 흥미롭게 구경했다고 한다. 돌아갈 때 구경하던 조선사람들한테 축구공을 주고 갔다는 화기애애한 이야기까지 전해진다. 심지어 부두에서 가까운 웃터골 운동장(현 제물포고)에서 영국 수병들은 제물포 사람들에게 공차기를 가르쳤고 시합까지 했다는 이야기로까지 진화한다.

그 무렵의 축구시합 광경을 보자. 한 팀에 15명씩 나눴으며 짚신에 갓을 벗은 망건 차림이었으며 저고리가 나풀거리지 못하게끔 배자를 입어야 했다. 골포스트는 없고 그저 골키퍼의 키를 넘기면 득점이 되었다. 정해진 경기 시간이 없이 어느 한편이 지쳐서 더 이상 버텨낼 수 없다고 손을 들 때까지 공을 찼다.

일본 공사를 피신시킨 플라잉피시호

이 땅에 축구를 전래한 플라잉피시호는 '다른 사건'과 연결돼 조선에 큰 영향을 끼친다. 1882년 6월 5일 임오군란이 일어난다. 이른바 신식 군대(별기군)에 비해 차별을 받았던 구식 군대(훈련도감) 병사들의 불만이 분출된 사건이다. 이때 병사뿐만 아니라 조선 민중의 일본에 대한 감정은 극에 다다른다. "일본 놈들이 조선 부인을 보면 그 피를 빨아 먹는다."는 흉측한 유언비어가 나돌기도 했다. 평소에 쌓인 반일 감정에 이런 해괴망측한 소문이 퍼지자 성난 군중은 서대문 밖 일본공사관을 습격했다. 일본공사 하나부사(花房義質)와 공사관 직원들은 급히 인천(제물포) 방향으로 무조건 줄행랑쳤다.

마침 비가 억수로 쏟아지고 사방이 캄캄해서 지척을 제대로 분간

할 수 없었다. 일행은 길을 찾지 못하고 방황하다가 새벽에야 양화진 나루에 다다랐다. 사공이 없자 배를 훔쳐 타고 나루를 건넜다. 하나부사는 도중에 다리를 다쳐 걸을 수가 없게 되자 급히 가마꾼을 고용하여 길을 떠나 다음날 오전 10시경 부평 땅에 도착했다. 다시 빗 길을 재촉해 오후 3시경 인천에 도착해 인천부사에게 도움을 청하였다. 부사는 서울에서 난이 일어난 줄도 모르고 그들을 후히 대접하여 재워주었다. 다음날 제물포항을 거쳐 월미도로 건너가서 밤을 지새웠다. 그곳에서 허겁지겁 작은 배를 띄워 먼 바다에 정박 중이던 영국 군함 플라잉피시호를 타고 간신히 나가사키로 귀국했다.

이후 일본은 임오군란으로 인한 피해 보상을 명목으로 하나부사를 다시 조선에 파견했다. 8월 12일 육군 보병 1개 대대, 네 척의 군함 등 1,200여 명의 병력을 이끌고 제물포에 상륙했다. 그리곤 일본은 조선을 강탈할 수 있는 명분을 얻을 수 있는 제물포조약을 맺었다.

하나부사는 조선 침략에 적지 않은 일을 한 인물이다. 인천항이 개항되기 이전이었던 1877년 10월 월미도에 함선을 정박시키고 작은 배로 한강을 거쳐 서울로 들어가 동향을 살피기도 했다. 2년 후 1879년 4월 17일 인천에 도착하여 1주일간 제물포 일대를 조사하고, 그곳을 개항장의 적지로 판단해 일본 정부에 보고하기도 했다. 이런 공로 때문인지 지금의 북성동은 한때 그의 이름을 따서 '화방정(花房町)'이라 불렸고 도망칠 당시 북성동에서 하나부사가 마셨던 우물은 '화방우물'이란 이름을 얻었다.

목사 코치와 강화학당 축구팀

인천은 대한민국 축구의 도입지이자 튼실한 요람이었다. 영국 성공회 신부 시드니 J 파커는 제물포에 와서 인천 곳곳을 둘러보았다. 1901년 3월 21일 그 소감을 영국 성공회가 발행하는 잡지 『모닝컴』 편집자에게 사진과 함께 편지로 보냈다. 'G.A. 브라이들 목사에게 수년간 훈련을 받은 강화학당 축구팀이 존재한다. 선수들은 좋은 경기력을 선보이고 있으며, 더욱 체계적인 훈련을 받는다면 잉글랜드리그 진출도 가능하다.' 강화학당 축구팀이 1890년대 후반부터 존재했고 강팀이었음을 가늠할 수 있는 대목이다. 이 기록이 발굴되기 전까지는 한국에서 처음으로 축구단이 생긴 곳은 1904년 서울의 관립외국어학교라고 알려져 있다. 인천 지역에서는 그보다 최소한 3년 앞

| 강화학당의 학동들

서 축구단을 운영했다.

6·25 전쟁 후 간혹 인천에서 한(韓)·영(英)군 친선 축구 경기가 열렸다. 1955년 4월 1일 하오 2시부터 인천공설운동장에서 인천항에 정박한 영국 순양함 '뉴캐슬'호를 환영하는 친선축구시합이 열렸다. 뉴캐슬팀은 인천HID팀과 겨뤘다. 전반전 HID팀이 3대 0으로 앞서갔고 후반전은 영국팀의 기권으로 결국 HID팀이 승리했다. 6·25 전쟁에 참전한 영국군은 휴전 후 1957년까지 한국에 주둔했다. 인천에서는 옛 송도유원지와 숭의로터리 부근에 주둔했다. 그들은 종종 그들의 선배들이 전파한 축구 경기를 각종 인천팀과 친선으로 치렀다.

한용단에서 류현진까지

야구도 인천을 통해 도입되었다. 신식 스포츠인 '베이스볼'은 개화 문물 보따리와 함께 들어왔다. 인천영어야학교(인천고의 전신) 1학년생이었던 일본인 학생 후지야마후지사는 1899년 2월 3일자 일기에 '4시경부터 중상(中上) 군을 불러내어 일연종(一蓮宗·옛 신흥초등학교 옆의 절) 앞 공터에서 함께 '베이스볼'이라는 서양식 공치기를 하고 5시경에 돌아와 목욕탕에 갔다'고 기록했다. 과거의 통설은 1905년 서울의 황성기독교청년회(YMCA)의 총무였던 미국인 선교사 질레트(P.Gillett)가 회원들에게 가르친 것이 우리나라 야구의 효시였다. 하지만 이 일기로 인해 인천에서 1899년에 '베이스볼' 경기를 하고 있었음을 알 수 있다. 질레트보다 무려 6년을 앞선 것이다.

| 1960년대 중반 상인천중·인천고 교정(현 배다리 위치)에서 벌어진 야구 경기 대회의 시구 모습

이후 인천에는 순수한 한국인들로 구성한 최초의 인천 야구팀 '한용단(韓湧團)'이 조직됐다. 1920년을 전후해서 당시 인천에서 배재·중앙·휘문 등 서울의 고등보통학교(지금의 중고등 과정)로 통학하던 기차통학생 친목회가 중심이 되어 만들어진 야구팀이었다. 청년야구의 활약은 1920년대 후반 들어 인천공립보통학교(현 창영초등학교)와 영화보통학교(현 영화초등학교) 등 학교 야구부로 전승된다. 1936년과 1939년 두 차례에 걸쳐 인천상업학교 야구부는 당시 전(全) 조선을 제패하고 일본 갑자원(甲子園) 대회에 출전하는 쾌거를 이룰 정도로 조선 야구의 근간이 된다.

일제강점기 태평양 전쟁이 막바지에 이르자 일제는 야구를 '영미귀축(英美鬼畜, 영국과 미국은 귀신과 짐승이라는 뜻)'의 운동이라며 갑자기 중지시켰다. 심지어 식량을 증산한다며 소화고녀(昭和高女·지금의 박문여고) 학생들을 동원해 인천공설운동장 야구장에 콩과 고구마를 심는 등 광기를 부렸다.

50년대 들어서자 인천 야구의 전성시대가 다시 화려하게 열렸다. 인천고와 동산고가 우리나라의 대표적인 야구대회인 청룡기, 황금사자기, 봉황대기 등 전국 고교야구 대회를 번갈아 가며 휩쓸었다. 특히 동산고는 3년간 내리 청룡기를 품에 안는데 이것은 오늘날까지 유일한 기록으로 남아 있다.

2013년 4월 2일 저녁 6시, LA다저스구장. 등 번호 99를 단 동양인이 마운드에 섰다. 인천 창영초-동산중-동산고를 졸업한 투수 류현진이다. 제물포항을 통해 이 땅에 야구가 도입된 지 110여 년. 인천인 류현진은 '베이스볼'의 본고장 미국 메이저리그에서 연일 강속구를 던졌다.

우승컵을 안고 시청을 찾아 인천시장(가운데)과 기념사진을 찍은 창영국민학교 야구단 (인천시 제공)

한국인 특유의 '빨리빨리' 문화가 만들어 낸 커피믹스

가비에서 막대기 커피까지

　　"나는 가비의 쓴맛이 좋다. 왕이 되고부터 무얼 먹어도 쓴맛이 났다. 헌데 가비의 쓴맛은 오히려 달게 느껴지는구나"

　2013년에 개봉한 영화 '가비'에서 고종이 한 말이다. 고종은 가비(커피)를 즐겼다. 이 쓰고도 달콤한 한 잔의 가비에 의지하며 자신의 기구한 삶을 씁쓸히 보냈을지도 모른다. '가비(加比)'는 커피(Coffee)의 영어 발음을 따서 부른 고어다.

　우리나라에서 가장 먼저 커피를 접한 사람은 고종으로 알려져 있다. 고종은 1896년 아관파천 당시 러시아 공관에 머물며 양식에 익숙해져 커피를 자주 즐겼다. 바람 앞에 놓인 등불 같은 조선의 군주로 하루하루를 쓰디쓴 세월로 보낸 고종, 서구로부터 들어온 달콤하면서도 쓰디쓴 신문물 커피. 이 둘의 조합은 드라마틱한 추측을 자아내기에 충분하다. 이렇게 고종이 이 땅에서 커피를 가장 먼저 마셨다는 매혹적이지만 근거 없는 이야기가 우리나라 커피사의 첫 줄을 장식하게 된다.

손탁이 고종에게 써빙한 가비

고종과 관련한 이 '팩션'은 국내 최초의 호텔이 인천 제물포항에 있던 '대불(大佛)호텔'이었다는 '팩트'를 간과한 데서 비롯되었다. 최근까지 우리나라 최초의 호텔은 1902년 독일인 손탁(Antoinette Sontag: 1854~1925)이 고종으로부터 하사받은 부지(서울 정동)에 세운 '손탁호텔'로 알려졌다. 더불어 그곳에서 처음 커피를 팔았다는 이야기가 전해진다.

손탁은 1885년 초대 주한 러시아공사 베베르(Karl Ivanovich Veber)를 따라 한국으로 이주했다. 베베르의 처남이 손탁의 제부였다. 그녀는 고종과 명성황후의 총애를 발판으로 대한제국 외교계의 막후 실력자로 활동했다. 제2차 한러밀약(1886)과 아관파천(1896)에도 개입했다. 명성황후 시해 사건 이후 독살 공포에 시달렸던 고종은 한식 수라상을 멀리하고, 손탁이 만든 서양 요리를 가까이했다. 그녀는 러일전쟁 발발 전까지 사실상 고종의 전속 요리사나 다름없었다. 그때 고종은 커피를 처음 접한 것으로 알려졌다.

1902년, 손탁은 고종에게 하사받은 저택을 허물고 그 자리에 2층 양옥을 신축해 호텔을 개업했다. '손탁 빈관(賓館)'이란 간판을 달았던 이 호텔은 욕실 딸린 객실 25실을 갖췄고, 조선 정부의 영빈관으로도 이용되었다. 고종이 일본세력을 견제하기 위해 외세의 결집 장소로 지어주었다는 설도 있다. 그러나 아이러니하게도 을사늑약을 체결하기 위해 특파전권대사로 조선에 건너온 이토 히로부미가 이 호텔에 투숙했다. '톰 소여의 모험'을 쓴 미국 소설가 마크 트웨인은 러일전

개항 당시 제물포 포구의 모습. 현재의 청일조계지 계단 지점에서 찍은 사진이다. (『사진으로 보는 인천시사 ❶』, 인천광역시사편찬위원회)

쟁 종군기자로 왔다가 이곳의 단골손님이 됐다.

호텔과 커피로만 연결되는 줄 알았던 손탁이 인천과 '식물'로 인연을 맺었다는 사실이 최근 밝혀졌다. 당시 그녀는 인천에 와서 아무도 관심을 갖지 않았던 야생초 등 토종 식물들을 채취했다. 그 표본이 지금까지 러시아 코마로프 식물연구소에 고스란히 남아 있다. 최근 인천에 자리한 국립생물자원관은 1888~89년 손탁을 포함한 몇몇의 러시아인이 제물포에서 채집된 표본 52점을 러시아 코마로프 식물연구소로부터 기증받았다. 도라지, 시호, 사위질빵, 싱아, 누리장나무, 패랭이꽃, 참싸리 등이다.

"Would you like a cup of coffee?"

개항 당시 인천에는 먼 바다를 건너온 서구의 외교관, 선교사, 의사, 여행가, 장사꾼 등 숱한 외국인들이 몰려들었다. 그들 대다수는 목적지가 한양이었다. 경인선 철도가 생기기 전 그들은 수도 한양을 가기 위해서 반드시 하룻밤은 인천에서 머물러야 했다.

길 떠날 가마꾼이나 조랑말과 함께 마부를 구하거나 한강을 거슬러 올라가는 기선을 타려고 하루, 이틀 또는 며칠씩을 기다려야 했다. 도보로 이동할 경우 자칫 출발시간이 늦어져 한양 도성의 성문이 닫혀 어려운 지경에 처하는 때도 왕왕 있었다. 자연스럽게 중간 기착지인 제물포에 이들을 맞이하기 위한 숙박 시설이 필요했다.

그들을 겨냥해 배가 닿는 포구 바로 앞에 상술 좋은 일본인이 1885

언더우드 선교사 부부와 아펜젤러 선교사의 모습을 형상화한 한국기독교100주년 기념탑. 인천 파라다이스호텔 아래 자리하고 있다.

년 이전에 서양식 호텔을 하나 지었다. 이것이 우리나라 최초의 호텔인 '대불호텔'이다. 이 호텔 주인의 덩치가 뚱뚱하고 아주 커서 '대불(大佛)'이란 이름이 붙었다. 이곳에서는 일어가 아닌 유창한 영어로 손님을 맞이했다.

선교사 아펜젤러는 1885년 부활절인 4월 5일 오후 3시, 스산한 봄비가 뿌리는 제물포 부두에 첫 발을 내디뎠다. 일부러 부활절을 택해 첫 발을 디디었는지 우연히 딛고 보니 부활절이었는지 알 수 없으나, 퍽 의미 있는 시간에 제물포항에 닿았다.

대불호텔에 여장을 풀었던 아펜젤러 선교사는 보고서(1885년 4월 9일 작성) 한 장을 써서 미국에 보낸다. 그 안에 이 호텔에 대한 내용이 포함되었다. "제물포에는 미국인이나 유럽인이 경영하는 호텔이 없다. 일본호텔이 하나 있다. 호텔 방은 편안할 정도로 컸지만, 약간 서늘했다. 저녁 식사를 위해 (일행은) 테이블에 모여 앉았다. 서양 음식이 잘 마련되어 있었고, 입에도 잘 맞았다."

서양의 식습관상 그 만찬 자리에 커피가 빠졌을 리 없다. 유길준이 『서유견문』에 "서양사람들의 주식은 빵과 버터 등이고, 커피는 우리가 숭늉 마시듯 한다."라고 적어 놓았듯이 서양의 음식 차림에 빼놓을 수 없는 것이 커피다. 당시 아펜젤러에게 제공된 음식에는 분명 커피가 포함되었을 것이다.

이렇듯 서울의 왕실보다 인천의 부둣가에서 먼저 은은하게 커피 향이 흩어졌다. 낡은 사진 속 대불호텔 간판에는 'FRESH BREAD & MEAT'라고 쓰여 있다. 'COFFEE'라는 단어가 붙어 있지는 않았지만, 대불호텔에서는 틀림없이 커피를 제공했을 것이다. "Would you

| 현재의 중구청 앞 쪽 중심가. 오른쪽 건물이 대불호텔이다.

like a cup of coffee?" "Thank you, I'd love one." 대불호텔 종업원들은 서양인들의 입에 맞는 제대로 된 서양 요리와 더불어 후식으로 향 좋은 커피를 내놨을 것이다.

일본 외무성이 발간한 『통상휘편』 제3책에 수록된 '명치16년(1883년) 8월 중 조선국 인천항 수출입조 일람표'의 수입외국산 물품 목록에 '커피'가 엄연히 들어가 있다. 인천항에 수입된 커피는 외국인 가정이나 호텔에서 소비됐을 것으로 추정된다. 당시 제물포항에는 대불호텔 외에도 중국인이 운영하는 스튜어드호텔과 오스트리아계 헝가리인이 주인이었던 꼬레호텔 그리고 해리호텔 등이 있었다. 스튜어드호텔은 주인이 한때 미국 군함 모노카시호에서 급사(스튜어드)로 지냈다고 해서 붙여진 이름이다.

『디 인디펜던트』 1898년 9월 3일 자에는 "이토 후작(이토 히로부미)이 대불호텔에서 제물포 지역의 일본인 상인들로부터 연회를 대접받았다"는 기사가 수록되어 있다. 그만큼 이곳이 한창 전성기를 이어가고 있었음을 짐작케 하는 부분이다. 번성했던 제물포항의 서양식 호텔들은 시대의 흐름을 이겨내지 못하고 차츰 쇠퇴의 길로 접어든다. 1899년 경인선 철도의 개통으로 더 이상 이곳에 사람들이 며칠씩 머물며 묵어갈 필요가 없게 되자 호텔들도 하나둘 문을 닫기 시작했다.

우리나라 커피사의 작은 단초를 남긴 아펜젤러는 1902년 6월 11일 밤, 목포에서 열리는 성서번역위원회에 참석하기 위해 배를 탔다. 서해 바다 한가운데서 두 배가 정면충돌했다. 배가 침몰할 때 아펜젤러는 동승했던 비서와 여학생의 안전을 먼저 생각하고 그들을 찾아 헤매다가 구조 받을 기회를 놓쳐 목숨을 잃는다. 그는 수영선수 출신이었다.

달콤 쌉쌀 '양탕국' 마케팅

일반 서민들이 커피를 접한 것은 1900년대 초반이라고 전해지는데, 그 계기가 재미있다. 한양에서 활동하는 프랑스 출신의 목재 상인이 조선 나무꾼들에게 공짜 커피를 제공했다는 설이다. 그는 시중에 나도는 땔감 나무를 독점하기 위해 자신에게 나무를 가져오는 나무꾼들에게 커피를 제공했다고 한다. 자신의 상점에서 나무꾼들을 기다리지 않고 아예 광화문 뒤 자하문과 무악재까지 화살통 만한 보온병을 들고 갔다. 고개를 넘는 나무꾼들에게 커피 한 잔 씩을 따라 주며 흥정했다. 사람들은 이를 '양탕국'이라고 불렀다. 커피의 색이 검

| 온갖 미제 물건이 거래 되었던 인천 동구 송현동의 양키시장

고 쓴맛이 나는 것이 마치 한약의 탕과 같다고 해 붙여진 이름이다. 비록 정설은 아니지만 왕실 빼고 조선에서 커피를 가장 먼저 접한 부류가 나무꾼이라는 게 매우 흥미롭다.

커피가 서서히 일반인들의 혀끝에 도달하면서 당시 신문들은 커피에 대해 관심을 갖고 다양한 시선으로 보도했다. 1934년 7월 15일 자 조선일보에는 '커피 많이 먹으면 자식이 귀해'라는 제목의 기사가 실렸다. 내용인즉 커피에는 카페인 성분이 있는데 이것을 많이 섭취하면 남자의 생식기에 악영향을 끼친다는 독일 교수의 실험을 인용하면서 커피를 많이 마시는 것을 주의할 것을 보도했다. 1939년 8월 29일 자 동아일보는 '커피와 주름살'이란 제목의 기사에서 '커피의 성분이

위 내벽을 마비시켜 다른 영양분을 받지 않기 때문에 혈압이 올라가고 심장은 약해지기 때문에 빨리 노쇠한다'며 진한 커피를 마시면 얼굴에 주름살이 생긴다는 게 허튼소리가 아니므로 젊은 아씨들은 특히 주의하라고 당부한다.

일제강점기, 커피는 특권층의 기호품일 뿐이었다. 이 땅에 실제적으로 커피 시대를 연 것은 미군이다. 미국인은 커피 없이 못산다. 포화가 넘나드는 전장에서도 그들은 커피를 끓여야 한다. 6·25 전쟁 당시 주한 미군에게 커피가 전투식량으로 보급됐다. 전쟁 후 미군 PX에서 나온 이 커피는 서서히 시중에 불법 유통되었다. 특히 미군 군수품이 매일 들어오던 인천은 '미제' 물건이 흔한 편이었다. 커피는 양키시장을 통한 불법 유통으로 점차 일반인들의 혀에 도달하기 시작했다. 당시 미제 맥스웰커피 빈 병은 요긴한 생활 용기였다. 특히 도시락 김치병으로 인기가 좋아 시장에는 맥스웰커피 병만 따로 파는 가게도 있었다.

삼성이 손 댈 뻔 했던 커피 사업

우리나라 커피 역사의 한 획을 긋는 동서식품(주)는 1968년 5월 23일 출범했다. 이 시기는 미군 PX로부터 커피가 불법 유통되었던 시기다. 아직 국산 커피가 없었던 탓에 무조건 미제 커피만 마셨던 때다. 동서식품은 미국의 제너럴 푸드사와 기술 도입과 합작 사업 계약을 체결했다. 1970년 인천 부평에 공장을 세우고 본격적인 커피를 생산했다. 공장은 1968년 12월 개통한 경인고속도로 변에 자리를 잡았다. 물류를 고려한 최적의 장소였다. 경인고속도로는 커피 원료가 들어오는 인천항과 서울을 비롯한 전국의 대도시 소비 시장을 단번에 연결해 주었다.

애초 우리나라 최초의 국산 커피 생산은 '삼성'에서 손 댈 뻔했다. 이병철 삼성 회장의 장남 이맹희는 67년 당시 실세였던 이후락으로부터 커피 사업을 권유받는다. 삼성(제일제당)은 본격적인 커피 사업 진출에 앞서 은밀하게 시장 조사했다. 사업 전망은 매우 좋았고 무엇보다 정권 실세의 권유를 쉽게 뿌리칠 수 없었기 때문에 커피 사업에 진출하기로 했다. 맥스웰하우스 커피 동아시아 시장권을 가진 일본 맥스웰하우스 야마모토와 제휴해 커피를 생산하기로 합의에 이른다. 그런데 일본 맥스웰하우스 측은 합작 체결을 앞두고 갑자기 난색을 표했다. "이후락 씨가 제일제당과 합작을 하면 절대 허가가 나지 않으니 대신 다른 사람과 합작을 하면 바로 허가를 내주겠다고 했다"는 말을 삼성에 전했다. 이 같은 압박에 결국 삼성은 커피 사업을 백지화한다. 만약 제일제당이 커피 사업에 뛰어 들었다면 오늘날의 동서식품은 없었을 것이고 부평지역에 진한 커피 향은 퍼지지 않았을 것이다.

'메이드 인 인천' 커피 믹스

동서식품은 본격적인 커피의 국내 생산 시대를 열었다. 당시 커피는 사치성 기호품이라는 인식이 강했다. 막대한 외자를 투입해 인천 부평공장을 세운다는 것이 알려지자 시중의 반발이 거세지기도 했다. 1975년 초 생산한 '프리마'는 동서식품 발전에 큰 전환점이 되었다. 서구적이면서도 여성적 이미지로 친숙한 '프리마돈나'에서 아이디어를 얻은 이름 '프리마'는 곧 커피믹스의 성공을 예고했다. 1976년 12월 커피와 분말 커피크리머, 설탕을 이상적으로 배합한 커피믹스를 세계 최초로 생산하기 시작했다. '빨리빨리' 문화와 뜨거운 물만 있으면 마실 수 있는 간편성이 맞아떨어져 커피 소비는 폭발적이었다. 커피믹스는 1980년대 한국인 삶의 양식과 성향이 반영된 획기적인 제품이었다.

이 커피믹스가 인천항을 통해 전 세계로 수출되고 있다. 동서식품 부평공장에서 생산하는 커피믹스는 이제 북한에도 들어간다. 북한에서는 커피믹스를 '막대기 커피'라고 부른다. 몇 년 전 만 해도 커피는 일반 북한 주민들에게는 상상 속의 음식일 뿐이었다. 커피는 술처럼 도수가 있어 많이 마시면 취하거나 매우 쓰기 때문에 속이 새까맣게 타는 것으로 알고 있을 정도였다.

인천항에는 1주일에 3번 정도 인천과 중국 단동을 연결하는 여객선이 운항된다. 인천에서 생산한 커피믹스는 이 여객선 화물칸에 실려 중국 단동에 도착한다. 다시 단동과 북한 신의주를 잇는 '조중우의교(朝中友宜橋)'를 통해 북한 땅으로 몰래 들어간다. 120여 전 신문물의 보따리에 함께 들어온 커피는 이제 북한을 오가는 짐 더미에 깊숙이 숨겨져 동토의 땅으로 들어간다. 제물포항 대불호텔에서 이방인들이 마셨던 따뜻한 커피가 북한 땅을 녹이는 훈훈한 향기가 되고 있다.

| 인천 부평에 자리잡은 동서식품 공장

| 옛 마조사당 부근의 중국인 가옥 현재 모습

동양의 포세이돈 마조여신

1950년 6·25 전쟁이 발발하기 직전 어느 날, 현재의 파라다이스 호텔 언덕 아래서 예쁜 여인 하나가 걸어 나왔다. 그리곤 홀연히 사라졌다. 얼마 지나지 않아 전쟁이 터졌고 9.15 인천상륙작전 때 여인이 나왔던 지점은 폭격을 맞았다. 예쁜 여인은 '마조(媽祖)'신이었다. 언덕 밑에는 마조사당이 있었다. 마조신은 이 땅에 큰 전쟁이 일어날 줄 미리 알고 앞서 사라진 것이었다. 인천 화교들 사이에서 구전되고 있는 이야기다.

마조는 바다의 여신으로 오늘날 대만에서 옥황상제보다 더 인기가 높다. '천상성모(天上聖母)'라고도 불리는 마조는 대만과 푸젠(福建)성 등 중국 남부에서 뱃사람의 수호 여신으로 여겨진다. 어민의 딸로 태어나, 품성이 바르고, 정의롭고, 선량하다고 알려져 있다. 사람들은 마조가 곤경에 처한 사람을 구하고, 복을 가져다주고, 특히 바닷길에서 평안하게 항해할 수 있도록 보호해 준다고 믿는다. 어업과 해운에 종사하는 사람들이 마조에게 제의를 올리면 배가 난파당하지 않고 순항할 것이라고 믿었다. 서양에 포세이돈이 있다면 동양(중화권)에는 마조가 있는 셈이다.

배 타기 전 수호신 '마조'에 제사

개항 이후 중국인들은 인천을 자주 오고 갔다. 1884년 4월 청국 조계지가 설정되었고 이후 1910년 한일병탄 직전까지 그들은 목선이나 정크선을 타고 서해를 건너 물밀듯 들어왔다. 중국을 오가는 정기 여객선 이통환(利通丸)이 인천항에 닿으면 두꺼운 호떡을 마치 탄대처럼 들쳐 멘 중국 남자들이 새까맣게 내렸다. 파라다이스 호텔 언덕 아래 중국 배가 닿은 포구가 있었다. 그 바닷가 옆에 규모가 큰 마조사당이 있었다. 인천을 떠나거나 들어 올 때 중국인들은 먼저 마조사당에 들러 안전을 기원하는 제를 올렸다.

초기 인천에 들어온 그들은 대부분 석공으로 일했다. 그들 손에 의해 홍예문은 물론 서울의 중앙청, 한국은행, 명동성당 등이 축조되었다. 이후 조선에 들어온 중국인들의 짐 보따리에는 세 종류의 칼이 들어 있었다. 그들은 대부분 요리사, 이발사, 포목상으로 돈을 벌었다. 실제로 1940년 인천 화교 경제력 가운데 포목상이 1위를 차지했고 중화요리점(16개), 채소상 등이 그 다음으로 주요한 업종이었다.

당시 인천에서 판매되는 채소는 거의 중국인이 독점하였다. 인천 교외에 거주하며 각종 채소를 재배해 시장에 공급했다. 채소 장사나 행상을 하는 이는 대부분 중국인이었다. 채소상들은 산동성의 출신 쿨리들을 부려 채소를 재배했는데, 이들은 봄에 인천에 들어와 중국인 밭에서 품을 팔다가 겨울이 되면 다시 귀국하였다. 만일 겨울이나 봄에 중국에서 전염병이 창궐하면 인천항이 봉쇄되면서 쿨리들의 입국이 금지되었다. 한해 농사가 원활하지 못해 인천 시내 채소 가격이 급등하기도 했다.

| 제물포항으로 물밀 듯 들어오는 산동성 사람들 (인천화교협회)

    중국인들이 몰려오자 여러 가지 범죄가 발생했다. 1920년대 청국 조계 안에 이민 수속과 숙박업을 겸한 중국 객잔(客棧)들이 들어섰다. 간혹 그곳에서 우리나라 부녀자들을 유인해 감금한 뒤 산동성의 부호들에게 팔아넘겨 사회가 발칵 뒤집히기도 했다. 1948년에는 밀수선으로 불법 입국하거나 피난민이란 명목으로 연대, 석도 등에서 정크선을 타고 한 번에 300여 명씩 쏟아져 들어왔다. 그들은 제물포항에 도착하면 무사히 바다를 건넌 것을 감사하기 위해 마조신에게 제를 지냈다. 그들은 가두 단속 불심 검문을 걸려 뚜렷한 거주지가 없으면 즉시 추방되었다.

끊어진 용머리 그리고 붉은 피

중구 북성동의 현재 파라다이스호텔(옛 오림포스)이 있는 언덕(해망대산)을 개항기 인천 화교들은 '용머리'라고 불렀다. 공중에서 보면 응봉산 자유공원과 홍예문까지가 용의 몸통과 꼬리이고 이곳 언덕은 바다를 향해 나가는 용의 머리라고 생각했다. 당시 화교들은 용머리를 매우 중요하게 여겼다. 경치가 좋고 마조사당이 있어 화교들이 자주 들렀던 곳이다.

그런데 일제강점기가 시작되고 어느 날 갑지기 일본인들이 길을 낸다는 핑계로 용머리를 잘라 냈다. 화교들의 성장을 막기 위해 저지른 일제의 만행이었다. 용의 기운이 화교 마을로 전해지는 것을 막고자 머리(언덕)와 몸통(자유공원~홍예문) 사이에 도로를 낸 것이다. 도로공사가 시작돼 인부들이 땅을 파내자 빨간색 물이 계속 흘러나왔다고

언덕(해망대산)에 세워진 파라다이스호텔(사진 가운데).
그 아래 오른쪽 길이 뚫리면서 용머리가 잘렸다. (인천시)

인천상륙작전 직후의 인천역 부근. 함포에 맞은 용머리(해망대산)
가 불타오르고 있다. 이 때 마조사당도 폭격을 맞아 부서졌다.

한다. 화교들은 그것을 용의 피라고 생각했다. 도로가 뚫린 뒤 화교 마
을에선 10여 일 동안 원인 모를 화재가 계속 발생했다고 한다. 용의
머리와 몸통이 분리된 이후 인천 화교의 맥이 끊겼는지 오랫동안 인
천 화교 사회는 실제로 매가리가 없었다.

용머리 안에는 산동동향회관이 있었다. 당시 인천 화교 가운데 9할
은 산동성 출신이었다. 1891년 그들 간의 친목을 도모하고 상호 부조
를 위해 산동동향회를 조직했고 회관도 지었다. 그들은 회관 건물 내
에 산동성 출신 화교 자녀들을 위한 '노교소학(魯僑小學)'을 설립했다.
이 학교는 광동성과 강소성 출신 화교들이 중심이 된 현재의 화교소

학(중산학교)과 합병하며 사라졌다. 또한, 이 회관에는 화상이 갹출해 구매한 기선 이통호(利通號)를 경영하는 사무실이 있었다. 월 4회 인천과 산동성 연대와 위해를 왕복하는 이 기선은 두 지역 간의 사람, 물건, 정보를 실어 나르는 당시 최고의 교통수단이었다. 이통호는 2차 세계대전 말 미군의 폭격으로 침몰하고 만다.

이렇듯 용머리 안에는 사당, 회관, 학교, 기선회사 등 주요한 시설들이 있어 중국인들로 항상 바글바글했다. 용머리가 잘린 탓인지 마조사당과 산동동향회관은 인천상륙작전 때 함포로 인해 모두 불타버렸다. 이후 이곳은 청국 조계의 변두리가 되었다.

쿵푸 수련장 의선당

마조사당은 6·25 전쟁 때 폭격을 맞아 부서졌다. 이후에도 한동안 그 잔재는 남아 있었다. 부서진 사당은 복구하지 않았고 마조신만 차이나타운 내 '의선당(義善堂)'으로 옮겨 모셨다. 의선당은 중국 절이자 사당이다. 이곳에는 불교, 도교, 민간신앙 등의 30여 신이 모셔져 있다. 의선당의 원래 이름은 화엄사로 1893년 중국 무역업자들이 모금하여 지었고 현재 화교협회 재산으로 되어 있다. 총 3채의 건물로 구성돼 있는데 중국의 사합원 건축 양식을 따르고 있다.

정전을 중심으로 좌우에 건물이 자리를 잡고 있어 외부에서 보면 밀폐돼 있다. 의선당 건립 때 사용한 기와, 주춧돌, 목재 등은 중국 산동성에서 운반해 왔다. 인천 화교들은 의선당에서 중국의 명절과 기념일에 제사를 지낸다. 해운업에 종사는 화교들은 자신의 배 모형을 마조 앞에 바치기도 했다.

의선당은 화교들의 무술 수련장이기도 했다. 그들은 의선당 마당 한가운데에 세워진 탑을 중심으로 중국무술 쿵푸 중 하나인 '팔괘장(八卦掌)' 등을 연마했다. 한국으로 건너온 화교 남자들은 평상시 서로 모여 팔괘장, 장권, 태극권, 당랑권 등 무술을 연마하며 자신들의 신변을 스스로 지켰다. 특히 1931년 중국 길림성에서 터진 만보산 사건으로 국내 중국 화교에 대한 민심이 최악으로 치달을 당시, 화교들은 서로를 지키기 위해 의선당에 모여 무예를 연마했다. 한국에 최초로 중국 무술 팔괘장을 전한 노수전을 비롯해 태극권의 필서익, 당랑권의 고수 임품장 같은 무술 고수들이 그들을 지도했다. 그들이 가르친 쿵후는 중국 북방계 무술이다.

화교 무술인들은 6·25 전쟁 발발 전 자유공원 일대에서 운동을 즐겼다. 그들은 본래 한국인들에게는 무술을 전수하지 않았다. 그들에

| 차이나타운 내 중국 사찰 의선당 입구

| 인천 화교의 무술 훈련 (인천무술박물관)

게 무술을 전수하면 도리어 자신들에게 화(禍)가 될지 모른다고 생각
했다. 이후 서로에 대한 오해를 풀게 되었고 화교들은 한국인들에게
쿵푸를 전수하기 시작했다. 1960~1970년대 인천 화교들에게 배운
한국인들에 의해 쿵푸는 전국으로 뻗어 나갔다. 한국은 70년대까지
만 해도 중국 무술의 전성시대였고 중국, 일본과 더불어 무술 3대 강
국이었다. 의선당은 한국 쿵푸의 본산이자 발원지라고 할 수 있다.

의선당 앞쪽에는 우리나라 최초의 '한국무술박물관'이 있다. 무술
박물관에선 실제로 사용한 재래식 무기(刀·劍·棒·槍)와 무술 고수들
의 사진 자료들이 전시돼 있다. 쿵푸 하면 이소룡. 1970년대 중국 무
술의 붐을 일으킨 홍콩 영화배우 이소룡의 전신 동상도 있다. 그가 영
화배우로 데뷔한 뒤부터 죽을 때까지 활동을 담은 잡지, 성룡의 모습
을 담은 희귀 잡지 등도 있다.

중국집 이층에 있는 대만 불교 사찰

인천차이나타운 내에는 '일관도(一貫道)'라 불리는 대만식 불교 종파가 있다. 유·불·선과 기독교, 이슬람 등 5대 종교를 융합하여 '하나로 일관되게 합친다'는 의미를 담고 있다. 모든 종교는 원래 하나였음을 강조하는 교리다. 일관도는 대만에서 교세를 떨치고 있지만, 원래는 중국 본토에서 탄생했다. 중국이 공산화되면서 일관도 종교지도자들과 신자들이 대만으로 이주했다.

일관도 법당은 차이나타운 내 유명 중국음식점 자금성 2층에 있다. 이 법당은 원래 자금성 손덕준 사장이 그의 어머니를 위해 지은 개인 법당에서 출발했다. 법당 이름은 '예덕단(禮德壇)'으로 지금은 공공법당으로 바뀌어 일관도 신자가 많이 찾고 있다. 정기적으로 이곳을 방문하는 사람은 100~120명 정도다. 인천뿐만 아니라 서울 등 전국에서 신도들이 수행하러 이곳에 온다.

| 차이나타운 중국 음식점 자금성 2층에 있는 일관도 법당

일관도는 매달 초하루와 보름날에 정기적인 종교 행사를 한다. 법당에 모신 신들에게 절을 하고 과일과 차를 올린다. 일관도의 기도 방식은 좀 특별하다. 하얀색과 검은색 옷을 입은 신도들은 방석에 앉아 신들에게 10여 번에서 많게는 수백 번 정도 머리를 계속 조아리며 기도한다. 인천차이나타운 법당에는 대만 일관도의 점선사들이 정기적으로 방문해 설법과 종교행사를 함께 한다. 점선사들은 기독교의 선교사들과 같은 역할을 한다. 이들은 한국에서 의료봉사, 설법을 통한 선교활동을 통해 일관도 교세를 확산하는 역할을 하고 있다.

인전화교협회 건물 뒤편에는 청국영사관 부속 건물이었던 회의청(會議廳)이 그대로 남아 있다. 이 건물은 초대 청나라 영사로 부임한 가문연(賈文燕)이 1910년 지은 것으로 알려진 일종의 회의실이다. 회의청 건물은 100년이 넘었지만 지금도 옛 모습을 그대로 간직하고 있다. 이곳은 평소 개방하지 않은 채 비어있다. 새해 첫날 인천화교협회 임원들이 모여 신년인사회를 하며 덕담을 나누는 장소로 사용하고 있다. 회의청에는 관공(관우)신이 모셔져 있다. 협회 간부들은 신년 인사회를 하기에 앞서 먼저 관공에게 제를 지낸다. 관공을 모시는 이유는 관우가 부와 재물의 신이기에 상인이 많았던 화교들의 바람과 소망의 대상이 되었던 것으로 보인다.

회의청에는 제사를 지낼 수 있도록 항시 물병, 향초, 향로 등이 놓여 있는 제단이 마련되어 있다. 제단 앞에는 빛바랜 관우의 그림이 걸려 있고 관우가 가지고 다녔던 청룡언월도가 제단 옆에 세워져 있다. 향로에는 '천후성모(天后聖母)'라고 적혀있다. 천후성모는 마조신의 다른 이름이다.

| 청국영사관 부속건물이었던 회의청. 화교학교 교사 바로 아래에 있다.

소수 종파 중화기독교

　　드물지만 인천 화교 중에는 기독교 신자도 있다. '인천중화
기독교회'는 1917년 설립돼 100년 동안 화교들과 함께 동고동락한
교회다. 국내 7개 화교교회 중 하나인 인천중화기독교회는 감리교 선
교사인 맥클라렌 여사와 중국인 기독교 신자인 손래장(孫來章) 씨가
1917년 6월 1일 개인 집을 예배당으로 임대해 화교들을 대상으로 복
음을 전한 것이 그 시작이다. 당시 인천에 화교 교회가 생긴 것을 축하
하기 위해 미국에 사는 화교들이 교회종을 보내왔다. 이 종은 오하이
오주 힐스버러에 있는 1875년에 건립된 ㈜벨사에서 제작한 것이다.

　1922년 교회는 중구 북성동 3가 5 차이나타운 의선당 앞 돌계단
옆에 부지를 확보해 고풍스럽게 예배당을 지었다. 당시 차이나타운의
명물이었던 이 예배당은 2002년 차이나타운이 정비되고 개발될 때
헐렸다. 과거 교회가 있던 자리는 대형 중식당, 쇼핑센터 등이 들어선
현대식 건물로 바뀌었다. 옛 교회는 그 상가 건물 안으로 들어갔다.

　차이나타운의 중화기독교회는 오래된 역사와는 달리 크게 번창하
지 못했다. 신자 수는 100명을 넘은 적이 없었다. 현재도 신자 수는
50명 정도다. 100년 전 제물포항 언덕 중국촌에 떨어진 한 알의 밀알
은 온갖 풍파를 견디며 열매를 맺고 오롯이 그 명맥을 이어 왔다. 한
세기 동안 한 자리를 지킨 중화기독교회 십자가는 한국 사회에 동화
되지 못한 채 살아온 '영원한 이방인' 중국인들에게 오늘도 정신적 버
팀목이 되고 있다.

단독 건물로 있던 교회가 상가로 개발되면서 잠시 건물 뒤편에
방치되었던 중화기독교회 머리돌

| 짜장면 박물관으로 개관한 공화춘

춘장과 호떡, 그 달콤함과 씁쓸함

　　1999년 4월 17일 오후 4시, 인천 중구 오림포스호텔(현 파라다이스호텔) 1층 에머럴드홀에서 영화 시사회가 개최되었다. 통상적으로 시사회는 서울의 중심가 극장에서 열린다. 지방 호텔에서의 영화 시사회는 좀 특별한 '장면'이다. 그 자리에는 중구청장과 함께 지역 주민 150여 명이 참석했는데 북성동에 사는 화교들이 특별 초청되었다.

　이 자리에서 선보인 영화는 '북경반점'(감독 김의석·주연 김석훈 명세빈)이었다. 북성동 화교촌을 배경으로 짜장면 재료인 '춘장'을 소재로 한 영화다. 차이나타운 내 중국인 골목에서 유명했던 옛 한의원을 중국 음식점으로 개조해 세트로 꾸몄다. 이 영화는 인천 차이나타운에서 80% 가량을 촬영했다. 화교 출신 베테랑 주방장 두 명이 직접 촬영 현장에서 요리를 지도하고 전반적인 자문을 했다. 이들 덕분에 영화 앞부분에 이름도 외우기 어려운 갖가지 요리와 조리 과정이 화려하게 화면을 장식했다.

춘장을 사수하라

　　영화 줄거리는 이렇다. 한 사장(신구)은 인천 차이나타운의 북경반점을 평생 지켜왔다. 사람들은 점차 캐러멜과 화학조미료로 단맛을 낸 짜장면에 길들었다. 그는 끝까지 고유의 춘장 제조에 노력을 기울였고 그것으로 맛을 낸 짜장면을 손님에게 내놓는다. 하지만 사람들의 입맛이 변하면서 북경반점의 손님은 줄어들기 시작한다. 그러던 어느 날 중국에서 양한국(김석훈)이라는 청년이 한 사장을 찾아온다. 그는 친구의 아들이다. 전통 춘장의 비법을 디득하기 위해 중국으로 갔던 어릴 적 친구가 세상을 뜨며 그 아들 손에 주방용 칼과 춘장 단지를 들려 보낸 것이다. 한국은 한 사장의 집에 기거하며 그의 인생 철학을 배운다. 매일 햇볕을 쬐고 저어주며 정성으로 관리하는 5개의 춘장독을 보며 장에 대한 중요성을 깨닫는다. 어느 날 한 사장은 지난 3년간 몰래 캐러멜과 화학조미료가 들어간 춘장을 사서 써 왔다는 북경반점 주방장(명계남)의 말에 충격으로 쓰러져 실어증에 걸리게 된다. 결국, 북경반점은 문을 닫게 된다. 을씨년스런 북경반점에 혼자 남아있던 양한국은 뿔뿔이 떠난 종업원들을 찾아 나선다. 다시 모인 양한국과 종업원들은 북경반점의 맛을 되살리기로 의기투합한다.

　　이 영화의 소재는 '춘장'이다. 짜장면 맛은 춘장 맛이 90%다. 춘장은 쉽게 말하면 콩과 밀로 담그는 중국식 된장이다. 2년 정도 발효해야 때깔과 제 맛이 나는 전통 춘장은 짜고 그 냄새가 강하다. 색깔이 노란 것도 있고 붉은 것도 있고 검은 것도 있다. 이에 따라 짜장면 색깔이 다양해진다. 한국의 중국음식점에서는 대부분 공장에서 생산한 춘장을 쓴다. 캐러멜 시럽 넣고 만든 춘장은 반질반질한 검은색에 들척지근한 맛을 낸다. 그래서 짜장면은 색깔과 맛이 전국 팔도가 비슷하다. 같은 된장을 넣고 끓이면 경상도에서나 전라도에서 같은 맛을 내는 된장찌개가 되는 것과 같은 이치다.

영화 '북경반점'의 한 사장처럼 예전에는 중국집에서 춘장을 직접 담가 썼다. 중국인에게 춘장 담그는 일은 일상이었다. 마치 한국인이 된장을 담그는 일과 같은 것이다. 여러 가지 이유로 중국인이 이 땅을 떠나면서 중국집은 '중국인 주방장의 음식점'이 아니라 '한국인이 운영하는' 중국집으로 변했다. 한국인은 춘장을 담그는 법을 물려받지 못했다. 어쩔 수 없이 공장에서 춘장을 사서 써야 했다. 캐러멜 춘장이 중국집 주방을 점령하게 되었다. 대표적인 춘장 제조 공장이 영화식품이다. 1948년 창업해 현재 3대로 이어지고 있는 영화식품의 '사자표 춘장'은 시장 점유율을 80% 이상 차지하고 있다. '중국 식료품계의 CJ'라고 불릴 만하다. 대한민국 짜장면의 맛을 단일화시킨 장본인이다.

| 영화 북경반점 포스터

| 현재의 차이나타운 전경. 뒤편의 산이 응봉산(자유공원)이다.

쿨리들의 간편식

"백 년 짜장의 맛이 담백하고 향이 아주 좋습니다." 지난 2009년 10월 인천을 대표하는 요리를 맛본 20명으로 구성된 인도네시아 미식관광투어단의 음식 품평이었다. 인도네시아 메트로TV는 인기 음식프로그램을 진행하는 요리사 윌리엄 웡소(William Wongso)와 함께 한국 전역을 돌며 대한민국의 맛을 음미했다. 인천 차이나타운의 짜장면, 용현동의 물텀벙이탕을 비롯해 제주 흑돼지, 전주비빔밥이 선정되었다. 그 중 '백 년 짜장'은 100년 전 국내에 들어왔던 짜장면의 맛과 향을 그대로 살린 맛으로 미식가들의 입맛을 사로잡았다.

짜장면의 원조는 중국 산동성이다. 1883년 개항 직후 인천으로 건너온 청국 노동자(쿨리)들이 먹었던 간편식을 한국인의 입맛에 맞게 변형시킨 '국제적' 퓨전 먹을거리다. 중국산(작장면, 炸醬麵)에 미국산 '캐러멜'을 첨가해 달콤함을 높이고, 일본산 단무지 '다쿠앙'을 반찬으로 곁들여 오늘날의 짜장면으로 진화했다. 이제 짜장면은 하루 700만 그릇이 팔릴 만큼 대표적인 '국민음식'으로 등극했다. 한·중 더 나아가 미·일의 문화가 융합한 이 음식의 이면에는 화교들의 굴곡진 삶이 녹아 있다.

조선으로 건너온 화교들에게 짜장면은 팍팍한 삶을 이겨낼 수 있는 생계 수단이었다. 비교적 부유한 화상(華商)들과 달리 혼란한 중국 내부 정세를 피해 일자리를 찾아 바다를 건넌 이들이 많았다. 대부분 막노동을 하는 '쿨리(苦力)'들이었다. 이때 짜장면은 부둣가나 건설 현장에서 막일하는 쿨리들의 간편한 끼니였다. 나무로 만든 손수레에 밀가루 반죽을 싣고 나가 현장에서 수타면을 뽑아 삶은 뒤 춘장을 대충 얹어준 것이 지금의 짜장면의 탄생이었다.

짜장면을 처음 중국 음식으로 내놓은 음식점은 북성동의 '공화춘(共和春)'이었다. 이 집에서 언제부터 짜장면을 만들어 팔기 시작했는지는 정확히 알 수 없다. 쿨리들이 본격적으로 한국에 건너온 1910년대 후반 이후일 것으로 추정하고 있다. 공화춘이 처음 인천 차이나타운에 문을 연 것은 1908년이다. 중국 산동지역 출신인 우희광이 22살의 젊은 나이에 '산동회관(山東會館)'이란 이름으로 첫 영업을 시작했다. 당시 산동회관은 단순한 '중국요리점'이 아니었다. 인천항을 오가는 각국의 무역상들이 기거하고 음식을 먹을 수 있는 객잔(客棧) 성격의 공간이었다. 특히 한국과 중국을 오가는 중국인 무역상과 고향의

| 짜장면 박물관으로 전환하기 바로 직전의 공화춘

맛을 그리워하는 화교들이 많이 찾았다.

산동회관은 '공화춘(共和春)'으로 간판을 고쳐 달았다. 1911년 1월 15일 청나라가 아시아 최초로 공화국 체제인 '중화민국'으로 바뀐 것을 축하하는 의미가 담겼다. 그 후 '공화춘'은 차이나타운을 대표하는 중국 요릿집으로 지역의 격식 있는 행사장으로 활용될 만큼 한동안 호황을 누렸다. 화교들의 재산권 행사를 제한한 한국 정부의 화교 정책에 밀려 1983년 폐업하고 말았다.

2층 건물 공화춘은 중국 산동지방의 건축 기술자를 불러와 지었다. 중정형(中庭型)의 중국식 건축물로 외부는 벽돌로 마감하고 내부는 다양한 문양과 붉은색을 사용하여 화려하게 장식하였다. 2006년 인천시등록문화재 246호로 지정되었다.

짜장면의 최초 발원지인 옛 '공화춘'은 2012년 국내 최초 유일의 짜장면박물관으로 개관하였다. 공화춘에서 사용했던 식기나 주방 도구를 비롯해 짜장면에 관련한 유물을 전시하고 있으며 과거 공화춘 주방과 접객실을 그대로 재현했다.

최근 차이나타운 내 몇몇 중국음식점은 중국 본토식 전통 춘장으로 만든 짜장면을 '복원'해 메뉴판에 올려놨다. '백 년 짜장' 혹은 '향토짜장면'이란 이름으로 손님상에 오른다. 나이 많은 화교 노인이 이 짜장면을 맛보고는, 어릴 적 어머니 손을 잡고 함께 먹던 바로 그 맛이라며 눈물을 흘렸다는 일화가 있을 만큼 '원형'에 가깝게 옛 맛을 되살려 냈다.

천주교 해안성당 옆 언덕길.
제물포항에 내린 중국인들은 이 길을 통해 중국 조계로 들어갔다.

장국밥집 휘청하게 만든 호떡집

짜장면 못지않게 화교들이 호구지책으로 삼았던 음식이 호떡이다. 임오군란(1882년) 때 화교 상인들이 들어오면서 호떡의 시초가 되는 음식이 인천에 들어왔다. 그들은 생계를 위해 음식점을 열고 만두와 호떡 같은 주전부리 음식을 팔기 시작했다.

1920년대 내내 조선에 들어오는 중국인 쿨리의 수는 계속 늘었다.

| 차이나타운 거리에서 팔고 있는 월병

1927년 봄에는 매일 1천 명이 넘는 쿨리가 인천항에 새까맣게 상륙했다. 말 그대로 '몸뚱어리 하나 믿고' 바다를 건넌 그들에게는 값싼 음식이 필요했다. 가장 좋은 음식은 '호(胡)떡'이었다. 호떡은 값이 싸고 쉬 상하지도 않아 쿨리들은 한 보따리씩 싸 들고 노동 현장을 다녔다. 당시 청국지계 옆에 거주하던 일본인들은 호떡을 '지나빵'이라고 불렀다.

1920년대 한국 전역에는 대략 400여 가구의 호떡집이 있었다. 1940년 4월 인천 화교 경제 가운데 포목상 다음으로 주요한 업종은 호떡집 40호(148명 종사)였다. 중화요리점(16개)보다도 많은 숫자다. 전통 중국 과자나 병(餅) 종류를 통틀어 '호떡'이라 불렀다. 화교들이 운영하는 중국식 과자나 빵 그리고 만두 따위를 파는 가게를 통틀어 '호떡집'으로 분류했다.

당시 한국의 화교들은 이 '호(胡)'라는 호칭을 그다지 달가워하지 않았다. 중국인을 비하하는 데 쓰인 말이라고 오해했다. 중국어에서 '호' 자는 대부분 2,000년 전 실크로드 시대 중국 서역에서 넘어온 물건들에 붙이는 글자로 쓰였다. 호주머니, 호두, 호부추 등이 같은 맥락이다. 호떡 역시 서역에서 건너온 떡(餅)일 뿐이다. 중국 떡과 구별하기 위해 오랑캐가 먹는 떡이라 해서 호떡이란 이름이 붙었다는 것이 정설이다. 중국 대보름에 먹는 월병(月餅)을 예전에는 '호병(胡餅)'이라고 불렀다. 즉 한국어로 옮기면 '호떡'이다.

서역에서 넘어 온 호떡은 중국에서 중국화 되었고 다시 인천으로 건너와 한국화 되었다. 우리나라 사람들 입맛에 맞게 조청이나 꿀 그리고 나중엔 흑설탕을 안에 넣어 팔았다. 인천에서 만들어 팔기 시작한 한국식 호떡은 화교들이 모인 서울 명동 주변이나 종로 거리 등으로 퍼져 나갔고 마침내 전 국민의 간식거리가 되었다.

청국인의 호떡집은 그 꿀맛과 싼값을 무기로 인천뿐만 아니라 당시 국내 웬만한 도시에서도 크게 번창했다. 호떡집에 불난 것처럼 보일 만큼 문전성시였다. 조선의 전통 음식점들이 위축될 정도로 전국적으로 조선인의 입맛을 사로잡았다. 1922년 11월호 「개벽」잡지에는 호떡집과 관련한 계도성 글이 실렸다. "형제여 조선인 유일의 생도(生道)는 외화(外貨) 거부(拒否)에 전재(專在) 하얏나니 토산(土産)에 순(殉)하는 토민(土民)이 되기를 간곡히 원한다. 시장하야 점심을 하겟거든 우동집이나 호떡집에 가지 말고 설렁탕이나 장국밥집에를 가라. 손님을 대접하겟거든 하필 청요리 일요리가 나을 것 무엇이랴. 구수하고 푹운한 조선 요리가 조치 안흐랴."

1927년 2월 「별건곤」 잡지에도 호떡 소비에 대한 경각심을 심어주는 글이 실렸다. "오 전짜리 호떡집이라고 깔보지를 마라. 물론 하류계급 사람들이 만치마는 학생도 드러오고 신사도 드러온다. 이 좁고 더러운 집이언만 한 오 분 동안에 나까지 합하야 다섯 사람이 드러오고 안젓던 사람이 둘이 나간다. 한 사람이 한 개씩만 먹어도 삼십오 전이요 두 개씩 먹는다면 칠십 전, 한 시간이면 사 원 이십 전 내지 팔 원 사십 전의 돈이 가난한 우리 조선사람 호주머니로부터 얼골 식껌어코 의복 불결한 지나인(支那人)의 호주머니로 옴겨간다. 〈중략〉 작년의 호떡장사가 금년의 요리옥 영업자 되는 것도 또한 무리가 아니요 그네들의 돈 버는 수단이 얼마나 영악한지도 여기 와서 알 수가 잇다."

맛있는 호떡은 다양한 '사건'을 만들었다. 1927년 12월 1일 동아일보에는 '본적이 중국 산동성이며 인천 유동에 거주하는 왕괴(40)가 호떡 장사를 하면서 6명의 조선 어린 계집애를 호떡으로 꾀어 유인한 후 중국에 팔아넘겼다.'는 기사가 실렸다. 이 밖에 호떡을 미끼로 15세 소녀를 유혹해 정조를 유린하거나 길에서 노는 5세 여아를 꾀어낸 사건 등이 끊임없이 벌어졌다. 호떡집이 돈을 많이 번다는 소문이 돌자 중국인 호떡집을 전문으로 노린 강도 사건도 빈번했다.

'百年傳統老店' 복래춘

인천 차이나타운 화교중산학교 바로 정문 앞의 복래춘은 짜장면집이 아니다. 4대째 꿍신삥(공갈빵)과 웰빙(월병)을 굽고 있는 중국 전통 과자점이다. 지금은 곡회옥(曲懷玉·66) 씨와 그 아들 곡사충(曲士忠·

| 100년 가까이 된 복래춘의 월병 나무틀

34) 씨가 화로 앞에서 함께 땀을 흘리고 있다.

곡 씨의 할아버지는 1920년대 한국으로 건너와 월병을 팔기 시작했다. 그 역사를 한눈에 보여 주는 것이 상점 벽에 걸려 있는 '월병 가계도'다. 곡 씨의 가계(家系)를 그린 그 종이에는 월병의 기술을 전수한 가족들의 이름을 빨간색 테두리로 표시해 놨다. 가게 곳곳에는 월병 무늬를 찍어낼 때 사용한 나무틀 등 할아버지의 손때가 묻은 도구들이 아직도 많이 남아있다. 복래춘은 처음에 공화춘(현 짜장면박물관) 근처에 있다가 50여 년 전에 현재의 자리로 이전했다.

중국인들에게 원래 공갈빵과 월병은 간식거리가 아닌 제사상에 올리는 귀한 음식이다. 중국에서는 보름달처럼 둥근 모양의 월병을 먹으면서 달구경을 한다. 지금도 마찬가지지만 한국의 화교들은 예전부터 추석이 다가오면 가게에서 월병을 주문해 사서 가족과 친구들에게 선물한다. 곡 씨 가족이 만드는 과자들은 중국 산둥성 북방 족의 맥을 고스란히 잇는 것들로 대만에서 만드는 남방식과는 다소 차이가 있다. 한국의 화교들이 만든 월병은 중국이나, 홍콩, 대만처럼 화려하지는 않다. 여전히 100여 년 전의 방식 그대로 만들고 있기 때문이다.

복래춘에서는 부영고, 소과, 깨과자, 팔보월병 외에도 화교들의 문화적 상징과 같은 보보(餑餑), 즉 만터우(饅頭) 등 수십 가지의 중국 전통과자를 만든다. 19세부터 빵을 굽기 시작한 곡회옥 씨는 인천은 물론 세계에서 가장 맛있는 중국 전통 과자를 만든다는 긍지를 갖고 있다. 이러한 자부심을 담아 복래춘의 포장지에는 '百年傳統老店'이라고 적혀있다.

| 중산학교 정문 바로 앞에 있는 복래춘

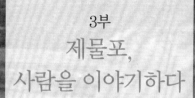

3부
제물포,
사람을 이야기하다

- 고종의 '보디가드'가 된 건축가 사바틴
- 독나방으로 변태된 '나비'
- 대한민국 임시정부 씨앗 뿌려진 만국공원
- 인천화교학교가 배출한 '미스 유니버스'
- 사람을 키워낸 칠통마당

| 제물포구락부의 현재 모습 (인천화교협회)

고종의 '보디가드'가 된 건축가 사바틴

1895년 을미년 음력 8월 20일(양력 10월 8일) 새벽. 찬바람을 가르는 총성 한 발이 서울 광화문 부근에 울렸다. 그것을 신호 삼아 일단의 일본인들이 조선왕궁을 습격했다. 순식간에 궁궐은 아수라장이 되었다. 경복궁 맨 끝 쪽에 있는 옥호루에 기거하던 명성황후가 잔인하게 시해된다. 당시 대한황실은 일제의 침탈과 위협이 워낙 극심해 경복궁 맨 뒤 건물에 숨어 있듯 기거하고 있었다. 그 외진 곳이 바로 참혹한 비극의 현장이 되고 만 것이다.

일본 정부는 "왕비와 적대 관계에 있던 대원군이 기획하고 시해는 조선군 훈련대가 자행한 것"이라고 거짓 선전했다. 사건 직후 이야기는 그렇게 흘러갔고 민심도 그렇게 기우는 듯했다. 그러나 반전이 있었다. 결정적인 목격자, 그것도 외국인 목격자가 있었다. 목격자는 황실 건축가로 잘 알려진 러시아인, 세레진 사바틴(Afanasy Ivanovich Seredin−Sabatin, 1860~1921)이다.

러시아황제에 보고된 사바틴의 증언

경복궁에 머물고 있던 사바틴은 그 참담한 광경을 처음부터 목격했다. 사바틴은 어떻게 궁궐에서 벌어진 일을 고스란히 볼 수 있었을까. 당시 경복궁에는 궁궐 수비를 책임졌던 몇몇 미국인과 유럽인 등 서양인들이 있었다. 요즘 개념으로 보면 외국인 용병 경호원들이다. 고종과 명성황후는 일본의 위협을 느껴 궁궐에 서양관을 짓고 외국인들을 머물게 했다. 그중 몇 명은 아예 호위대원으로 임명했다. 궁궐에 외국인이 있으면 그들의 눈을 의식해 일본이 함부로 위협을 가하지 못할 것이라고 생각했다. 유럽 출신 건축가에게 경비와 경호를 맡길 정도로 조선의 국운은 크게 기울어져 있었다. 사바틴은 사건 당일 궁정 경비 업무를 담당하던 중 왕비 시해를 목격했고 사건의 결정적인 증인이 되었다.

시해 사건 이틀 후 주한 러시아공사 베베르는 본국에 이를 보고했다. 이 보고서에는 현장에 있던 사바틴의 증언도 첨부돼 있었는데, 그는 직접 그린 도면을 통해 일본인의 궁궐 침입 경로 등을 밝혔다. 러시아황제 니콜라이는 300여 쪽의 보고서를 다 읽고 나서 매우 격분했다고 한다. 보고서는 명성황후의 최후를 이렇게 적고 있다.

'왕비 마마가 복도로 달아나자 뒤쫓아 가 바닥에 쓰러뜨리고 가슴 위로 뛰어올라 세 번 짓밟고 칼로 시해했다'

시해 사건의 주범은 일본인 낭인들로 밝혀졌다. 낭인들은 깡패나 무뢰한으로 알려져 있다. 그건 사실과 전혀 다르다. 그들은 대륙 침략을 위해 현지를 돌며 정보를 수집하고 행동하는 일종의 재야 정치인들이다. 명성황후 시해 사건의 행동대원 중에는 한성신보 주필, 일본 신문 특파원을 비롯해 하버드대 출신도 있고 영어와 불어를 할 수 있는 극우분자 엘리트가 다수 포함돼 있었다. 실제로 사바틴은 현장에서 영어로 그들과 대화했다고 증언했다.

명성황후 시해의 음모 단계에서부터 적극적으로 가담한 조선인이 한 명 있었다. 훈련대 제2대대장이었던 우범선이다. 낭인들에 의해 시해된 후 불태워진 황후 시신의 타고 남은 재는 궁궐 내 우물에 버려졌다. 유해 일부는 그의 지시로 증거 인멸을 위해 땅에 묻혔다. 우범선은 시해 사건 후 부산을 거쳐 일본으로 망명해, 일본 여자와 결혼했지만 1903년 말 자객에게 암살당했다. 그는 두 아들을 두었는데 장남이 '씨 없는 수박'을 개발한 육종학자 우장춘(1898~1959)이다. 우장춘은 아버지의 과오를 대신 속죄하기 위해 6·25 전쟁 중에 귀국해 일생을 한국의 농업 발달에 힘썼다.

특히 그가 개발한 배추 품종 덕에 오늘날의 김치를 먹을 수 있다는 평가도 있다. 재래종 배추와 중국 배추의 장점을 접목해 병해충에 강하고 속이 꽉 찬 배추를 탄생시켰다. 그는 농림부 장관직 제의도 거절하면서 오로지 채소 종자 개발에 매달렸다. 죽기 직전 병상에서 대한민국 문화포장을 받은 후 "조국이 나를 인정했다"며 오열했다고 한다. 지금 우리가 먹는 무·배추의 종자를 생산해 자급자족을 가능케 했고, 병 없는 씨감자와 체계적 감귤 재배 기술은 부친을 대신한 '속죄 발명품'이었다.

해관원 신분으로 부두 축조 감독

조선 정부는 국운이 크게 기울어진 상태에서 유럽식 공간과 관청의 건축을 위해 서양 건축가들을 불러들였다. 사바틴은 그중 한 명이었다. 1860년 우크라이나에서 태어난 그는 상트페테르부르크 항해사 양성 강습소를 수료한 후 예술 아카데미에 1년간 다녔다. 이후 선박 항해사로 취업하여 세계 각지를 돌던 끝에 1883년 9월 17일 제물포를 통해 조선에 입국했다. 당시 23세의 젊은이였다.

사바틴은 조선 정부의 통상과 외교를 담당하던 독일인 묄렌도르프(Paul George von Möllendorff)에게 발탁되었다. 조선의 총리아문 참의(정3품)로 임용된 묄렌도르프는 궁정에서 필요한 서양 건축기술자를 구하기 위해 중국 상하이로 출장을 갔다. 조선에 취직하기 원하는 젊은 외국인들이 매일 같이 그를 찾아왔다. 그곳에서 상하이 주재 오스트리아 총영사 하스가 추천한 사바틴을 만나 채용했다.

사바틴은 한국 근대 건축사에서 가장 중요한 인물로 꼽히는 인물이다. 그러나 그는 1883년 인천으로 입국했을 당시만 해도 중국 상하이에서 일자리를 구하던 단순 기술자였다. 그는 러시아에서 정규 건축 교육을 받지 못했고, 상하이에 머물면서 측량 및 토목·건축 기술을 습득한 것으로 추측된다.

조선 입국 당시 사바틴은 건축기사가 아닌 영조교사(營造敎士)라는 직명으로 조선 정부와 고용 계약했다. '영조'는 집 따위를 짓거나 물건을 만든다는 뜻이다. 그에게 '교사'라는 명칭을 붙인 것으로 보아 조선 정부가 사바틴의 고용을 통해 향후 서양 건축술을 조선인에게 가르칠 계획까지 염두에 뒀던 것이 아닌가 추정된다.

　사바틴은 가족과 함께 인천에 터를 잡았다. 왕궁 도면을 작성하고 서양 벽돌과 이엉지붕을 만드는 계획안을 만드는 일부터 시작했다. 그러나 그가 제시한 계획안은 백지화됐다. 경비가 많이 들어 실행이 어렵다는 것이었다. 결국 사바틴은 인천해관으로 소속을 옮겼다. 오늘날의 '세관' 업무를 맡고 있었던 당시 인천해관은 해관장부터 직원까지 대부분 외국인이었다. 초창기 인천해관원들은 수출입 통관 등 세관 고유 업무 이외에도 제물포조계지 도시계획, 기상관측, 우편사업, 검역 등 정부 행정의 상당 부분을 담당했다.

　해관원으로 신분이 바뀐 사바틴은 주특기를 살려 제물포 부두 축조 공사를 설계하고 감독하는 일을 시작했다. 그는 짐 꾸러미에 처박혀 있던 콤파스와 측량자 등 설계 도구를 다시 꺼내 해관청사(1883)를 직접 설계했다. 이어서 현재의 자유공원 맥아더 동상 터에 있던 독

| 제물포부두 축조 현장

일 무역상사 세창양행 사택(1884)의 설계를 맡게 됐다.

일 년 후 사바틴이 설계한 서울 정동의 (구)러시아 공사관은 그에게 인생의 전환점이 된다. 러시아 공사관은 조선 수도 최초의 서양식 건물이다. 사바틴이 인천에서 서울로 활동 영역을 넓히는 발판이 되었다. 인천해관에서 근무하면서 그는 서울로 출장 다니며 서양식 건물 관문각 등 다양한 건축·토목 작업을 이어온다. 1888년 그는 조계지인 제물포의 측량조사도 함께 진행해 '대조선인천제물포각국조계지지도'를 완성한다. 우리나라에서 처음 시도된 최초의 도시계획이라 할 수 있다. 그해 미국, 일본, 영국, 독일, 러시아, 프랑스 및 청국이 서명한 지도에 제작자인 사바틴도 서명을 남긴다.

만국인 위한 만국공원 설계

인천에 거주하던 외국인들은 답답했다. 그들은 여러 가지 정황상 함부로 나다닐 수가 없었다. 무엇보다 한가롭게 산책할 수 있는 공원이 절실했다. 사바틴은 외국인들을 위한 공원 청사진을 마련한다. 외국인 거주지와 인접한 응봉산이 눈에 들어왔다. 응봉산은 조망만큼은 최고였다. 1888년 사바틴은 잡풀 더미 민둥산 언덕에 우리나라 최초의 서구식 공원인 '만국공원(현 자유공원)'을 설계하고 조성한다. 옛 사찰 부지를 활용하여 설계한 서울 탑골공원보다 9년이나 앞섰다. 서구열강에 의해 개항된 상하이(1843), 요코하마(1859), 인천(1883) 등 동아시아 3개국 개항 도시에는 모두 '만국공원(Public Garden)'이 공통적으로 설치되어 있다. 공원 분위기도 흡사하다.

당시 만국공원 주변에는 웅장한 서구식 건물이 넓은 대지를 차지하고 있었다. 독일계 세창양행의 사택, 각국 사람의 사교클럽인 제물포구락부, 영국인의 여름 별장이었던 존스톤 별장(인천각), 응봉산 마루에 있던 인천관측소, 사이토 총독의 별장으로도 사용됐던 파울바우먼 주택 등이 자리 잡았다. 조선 땅에서는 인천에서나 볼 수 있었던 이국적이고 화려한 서구식 건물들이었다. 당시 공원의 풍경을 그려 볼 수 있는 동요 「인천만국공원」이 1924년 4월 14일 자 동아일보에 실렸다.

'저녁 萬國國公 / 올너와보니 / 솔나무와 電線줄은 / 合唱을 하고 / 領事館 獨逸집에 / 유리 窓들/술 醉한 붉은 얼골로 / 막들 우스며 / 저 건너 바다에서 / 춤추는데 / 領事館 지붕우에 / 맨드러 세운 / 저사람

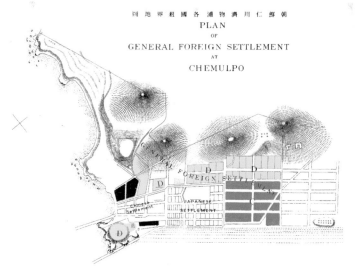

제물포 각국 조계 지도. 오른쪽 아래가 일본 조계, 왼쪽 구릉지대가 청국 조계(현 차이나타운) 그리고 응봉산(만국공원) 아래 노란 부분이 각국 조계지다. (『사진으로 보는 인천시사 ❶』, 인천광역시사편찬위원회)

| 세창양행 사택 (『사진으로 보는 인천시사 ❶』, 인천광역시사편찬위원회)

혼자만은 / 은제보거나 / 무엇에 그다지도 / 怒하엿는지 / 한목음 말도
업시 / 웃둑 서잇네 / 한손에 창을 집고 / 웃둑 서잇네'

"경복궁 시위대로 명 받았습니다"

　　　　탄탄대로를 걷던 사바틴의 삶에 브레이크가 걸린다. 그는
조선 관원과의 불화와 봉급 문제에 시달렸다. 임금이 체납돼 빚을 내
서 생활하는 지경까지 이르러, 요즘으로 말하면 '신용불량자'가 된 것
이다. 당시 러시아 공사의 외교 공문에는 '사바틴은 한·중·일 상인
들로부터 외상으로 산 식품비의 독촉까지 시달리는 형편이며 심지어
이들 상인이 러시아 공사한테까지 사바틴의 빚 독촉 항의를 한다'라

고 적혀 있을 정도였다.

　그는 1893년 러시아로 돌아갈 것을 결심한다. 이 소식을 들은 고종은 그를 만류하고 결국 1893년 10월 인천해관으로 복직하게 된다. 고종은 "이 사람을 해관에 두어 물품의 접수와 사용하는 일을 맡도록 하는 것이 좋을 것이다"는 명을 내렸다.

　이듬해인 1894년 6월부터는 미국인 퇴역장군 다이와 함께 경복궁 시위대를 지휘하게 됐다. 고종에게는 건물을 짓는 것보다 사바틴이 자신을 보호해 주는 일이 더 절실했다. 일본군도 함부로 대할 수 없는 외국인을 경복궁 시위대의 대장으로 두는 것이 최선이라고 생각한 것이다. 사바틴은 궁으로 1주일에 4일씩 저녁 7시에 출근해 아침에 퇴근했다. 이 때문에 그는 1895년 10월 8일 벌어진 을미사변을 목격한 외국인 2명 중 1명으로 역사에 기록된다.

| 구한말 조선의 신식 군대

마지막 작품, 제물포구락부

사바틴은 을미사변을 목격하면서 정치적으로 한동안 곤욕을 치렀다. 이후 사바틴은 1896년 서재필의 독립협회가 발주한 '독립문' 설계를 시작으로 다시 본연의 건축가로 돌아간다. 독립문 완공 후 바로 이어서 영국 무역상사 홈링거양행 인천지사 사옥(1898)을 건설했다. 홈링거양행은 러시아의 동청해상기선회사의 인천지점을 운영하고 있었는데 이 건축 건을 계기로 ㄱ 회사의 인천지점장으로 취직했다. 건축일은 한시적이므로 생활고 해결을 위해 아예 월급 받는 직장에 취직한 것이다. 그는 서울에서 인천으로 다시 거주지를 옮겼다. 이 시기에 그는 자신이 설계한 세창양행 사택에 세 들어 살았다.

사바틴은 인천에 다시 정착한 후 그의 마지막 작품을 완성한다. 1902년에 건축한 제물포구락부이다. 구락부란 말은 '클럽(CLUB)'의 일본식 발음을 한자로 차용한 데서 붙여진 명칭이다. 제물포구락부는 외교관과 외국인 무역상 등의 친목을 위해 만든 사교클럽이었다. 그들은 책을 읽고, 당구·테니스를 하고, 함께 술을 마시고 쉴 수 있는 공간이 절실했다. 조선의 기방 문화, 일본의 요정 문화와는 사뭇 다른 공간이 필요했다.

미국인 데쉴러, 독일인 뤼일리스 등은 친목을 위한 클럽을 만들기로 하고 자금을 모았다. 이들은 건축 자금이 모이자 곧바로 사바틴에게 설계를 의뢰하고 건설에 들어가 1902년 인천항이 내려다보이는 응봉산 중턱에 제물포구락부를 개장했다. 이곳은 넓은 당구장과 독서실 그리고 근처에 테니스장을 갖췄다.

만국공원에 있던 테니스장. 오로지 서구인들의 전유물이었다.
(『사진으로 보는 인천시사 ❶』, 인천광역시사편찬위원회)

　　서양인들은 편리한 사교 장소인 구락부에 거의 매일 출근하다시피
했다. 관청에 근무하는 사람도, 장사를 하고 있는 자도 하루의 일과를
마치면 매일 저녁 그곳에 모여들었다. 당구를 즐기거나 트럼프 놀이에
흥을 내거나 혹은 책이나 신문을 보며 시간을 보냈다. 특히 매달 10일
에 만찬을 곁들여 연회를 열고 회원간 담소 혹은 유명 인사의 연설 경
청 등으로 친목을 도모했다.

　　일본인들은 제물포구락부 회원 자격이 있었으나 끼지 못했다. 언어,
매너, 풍습, 네트워크 등을 따라가지 못해 무척 불편했다. '구락부'라
는 일본 말투의 공간이 생겼지만, 그들은 정작 이곳에서 즐기지 못하
고 결국 자기들만의 사교장을 따로 갖게 된다. 자연스럽게 제물포구락
부는 서양인 전용의 시설이 되었다. 사바틴의 '작품' 중 현재 볼 수 있
는 몇 안 되는 건축물 중 하나다. 그는 1902년 7월 대한제국으로부터

3년간 강화도 화강암 채석 이권을 획득했다. 그의 건축물에 화강암이 많이 사용되었기 때문에 아예 채석권까지 손에 쥔 것으로 추정된다.

살림도 나아지고 명성도 쌓은 그는 인천에 뼈를 묻겠다고 생각했다. 그런데 예기치 못한 '사건'이 터진다. 1904년 인천 앞바다에서 제물포해전(러일전쟁)이 벌어졌다. 그날 그 시간, 사바틴이 어디에 있었는지는 알 수 없다. 만약 인천에 있었다면 자국의 패배를 두 눈으로 생

생히 보았을 것이다. 러시아가 패하자 조선에 있던 패전국민 러시아
인들은 서둘러 보따리를 싸야 했다. 사바틴은 가족과 함께 프랑스 순
양함을 타고 인천에서 상하이로 갔다가, 다시 배를 타고 이집트 수에
즈 운하를 통과하여 고향 우크라이나로 돌아갔다. 20년간의 파란만
장한 사바틴의 조선 생활도 그렇게 마감되었다.

러일전쟁 패전 후 제물포를 통해 고국으로 돌아가는 러시아인들

| 최근 복원된 영종진에서 바라본 월미도와 인천항. 이 수로는 외세가 서울로 향하는 길목이었다. (류재형 사진)

독나방으로 변태된 '나비'

영종도는 영험한 땅이었다. 가뭄이 심할 때 나라에서 하늘에 제사 지내던 범상치 않은 땅이다. 유사시 임금이 거처할 행궁을 설치했고 병선(兵船)의 재료가 되는 소나무가 잘 자랐기 때문에 국가 차원에서 이곳을 관리 보호해 왔다. 숙종 이전만 해도 사슴을 사냥해 진상하는 등 산수가 수려하고 토지가 비옥했던 곳이기도 하다.

영종도는 제물포항과 맞닿아 있고 서울로 가는 바다 길목에 있는 해안 방어의 최전방 초소와도 같은 섬이다. 한 때 인천 지역에는 왜구의 침략이 빈번했다. '고려사'에 의하면 1375년 2월 왜구는 수십 척의 배를 타고 수백 명이 칼, 창, 활 등으로 무장하고 인천 근방의 섬은 물론 육지까지 상륙했다. 그들은 부평, 안산, 시흥 등 각 고을을 마구 짓밟고 식량, 가축 등을 노략질했다. 고려 우왕 9년(1383) 때는 인천 덕적도에 침입해 노략질을 했다. 해안을 지키던 만호(萬戶)가 왜구와 교전하여 배 2척과 왜인 포로 80인을 잡아 나라에 바쳤다. 고려 말에는 왜구의 선박 130척이 영종도와 삼목도에 침입해 가옥을 불태우고 노략질한 적도 있다. 1천 년 후 그 왜구의 후손들이 영종도에서 또 다른 소요를 벌였다.

일제의 계략, "물 좀 주오"

　　1875년 을해년(乙亥年) 9월 20일, 일본 군함 운요호(운양호)가 강화도 앞바다에 정박했다. 일본군은 작은 배로 갈아타고 강화도 초지진으로 향했고, 신선한 물을 얻는다는 구실로 뭍에 상륙하고자 했다. 진을 지키고 있던 조선 수병들은 육지를 향해 다가오는 작은 배를 발견하고 오지 말라는 신호를 보냈다. 그런데도 일본 배가 계속 다가오자 몇 발의 위협 포격을 가했다. 일본 병사들은 본선 운요호로 철수했다. 간조 때문에 상륙이 어렵다고 판단한 일본 함선은 보복으로 즉각 초지진에 대대적인 포격을 가했고, 진은 순식간에 쑥대밭이 되었다.

　　초지진을 파괴하고 뱃머리를 남으로 돌려 영종도로 향했다. 분이 풀리지 않은 운요호는 다시 영종진을 맹포격한 후 육전대를 상륙시켜 방화와 약탈, 강간을 자행했다. 맨몸이나 다름없었던 영종진 수병 35명이 전사했고, 16명이 포로로 잡혔으며, 대포 36문과 화승총 130여

| 1875년 초지진을 공격한 후 뱃머리를 돌려 영종진에 상륙해 분탕질을 한 일본 군함 운요호(雲揚號) (『사진으로 보는 인천시사 ❶』, 인천광역시사편찬위원회)

정 등이 탈취 당했다. 그들의 만행은 여기서 그치지 않았다. 민가에 불을 지르고 소, 돼지, 닭을 잡아가 함상에서 승전 축하 잔치를 벌였다. 이 사건이 흔히 '운양호 사건'이라고 불리는 '을해왜요(乙亥倭擾)'다.

당시 조선 정부는 한마디로 '깜깜이'였다. 영종첨사의 보고로 이양선이 침입한 사실은 알았지만 운요호가 일본으로 돌아갈 때까지 그 배가 어느 나라 선박인지도 파악하지 못했다. 게다가 영종진이 공격받은 사실을 알게 된 것도 진이 함락된 지 이틀 뒤였다.

운요호는 이렇게 분탕질한 후 나가사키로 돌아갔다. 나가사키는 미국 페리 제독에 의한 개항 이전부터 막부 정부가 제한적으로 개방했던 지역으로, 일본 해군의 모항 역할을 했다. 미국은 왜 2차 세계대전을 끝내기 위해 많고 많은 도시 중에 나가사키에 원자폭탄을 투하했을까? 그곳에 미쓰비시 조선소가 있었기 때문이다. 일본 군국주의의 수많은 해군 군함을 건조하던 도시가 바로 나가사키였으니, 그 싹을 잘라 버린 것이다.

당시 약탈당한 영종진의 대포는 네덜란드식으로 포신이 2m 정도의 구식포였다. 현재 제2차 세계대전 A급 전범들의 위패가 있는 도쿄 야스쿠니 신사 내 전쟁박물관 유취관(遊就館)에 볼모로 잡혀 있다.

일본은 만행에 이어 적반하장으로 '운요호 사건'에 대한 조선 정부의 사죄, 영해의 자유항행과 개항 등을 요구했다. 결국, 조선 정부는 이에 굴복해 1876년 2월 27일 강화 연무영에서 강압적인 불평등조약인 조일수호조규(일명 강화도조약)를 체결했다. 조선 정부가 역사상 처음 맺은 국제조약으로, 이 조약에 따라 인천을 포함해 부산, 원산 등 3개 항구의 개항이 결정됐다. 조선은 초지진에 접근해 "물 좀 달라"며 간교하게 연기한 일본이 놓은 덫에 맥없이 걸려들었다.

이어지는 왜구 후손들의 만행

　　을해왜요가 일어난 지 꼭 20년 후, 영종진 인근에서 또다시 어이없는 왜구 후손의 만행이 저질러진다. 을미년(1895) 5월 24일, 인천 감리가 조선 정부 기관 외부에 전한 공문이다. '5월 20일 영종진에 속한 무의도의 주민 이영서가 화를 내면서 고소하기를, 5월 19일 신시(申時·오후 3시~5시)에 일본 어선 두 척이 동네에 정박하고 뭍에 올라 물을 길었는데, 어찌하다 일본인 몇 명이 옷을 벗고 부녀들 사이로 뛰어들어 이들이 매우 무례하기에 사촌 동생 이창옥과 함께 이유를 따지자 일본인들이 몽둥이로 중요한 부위를 난타해 사촌 동생이 그 자리에서 죽었다. 다른 일본인들은 배를 타고 도망쳐서 종적을 찾을 수 없지만 같은 배를 타고 온 일본인 1명을 붙잡아 증인으로 삼아, 해당 범인의 이름과 간 곳을 조사하려고 하며, 이에 원통함을 호소하면서 범인을 체포하고, 살인자를 죽여 죽은 자의 원한을 풀어주면 참으로 고맙겠다고 하였다. 이에 본 감리(監理)가 즉시 달려가 시체를 자세히 조사하니 좌우의 갈비뼈, 어깨, 등, 허리 등 눈으로 보아도 치명적

| 을해왜요 이듬해인 1876년 조일수호조약(강화도조약)을 맺었던 연무당의 모습
（『사진으로 보는 인천시사 ❶』, 인천광역시사편찬위원회）

인 장소에 상처를 입은 흔적이 있어, 저들이 타살한 것은 의심할 것도 없이 확실하기에 체포한 일본인을 철저하고 자세하게 조사했지만, 이번 일은 외국인과 관련된 안건이므로 함부로 처리할 수가 없다. 이에 체포한 일본인을 압송하니 심의 결정하여, 해당 국(일본)의 영사에게 통지해 범행을 저지른 일본인을 속히 체포하여 법률에 따라 사안을 판단해 줄 것을 바란다.' 이 만행은 몇 달 후 서울 한복판에서 벌어지는 을미사변 즉, 명성황후 시해 사건의 서막인 듯했다.

조선 침략 일조한 '나비부인' 남편

우리 땅을 분탕질했던 운요호는 오페라 '나비부인'과 연관 있다. 19세기 말까지 중국은 물론 일본, 한국 등 동아시아의 무역은 해군을 등에 업은 영국 상인들의 독무대였다. 그 중심에는 스코틀랜드 프리메이슨 출신이 있었다. 그들은 개신교 칼뱅파 였는데, 당대 가톨릭 교리와 달리 상업 활동을 신의 축복이라고 생각했다. 이에 그들은 서슴없이 큰 바다로 나가 돛을 올렸다.

1904년 푸치니는 일본 나가사키를 무대로 한 오페라 '나비부인'을 작곡한다. 오페라는 일본 기녀 나비부인이 미국 해군 장교 핀커튼에게 버림받아 스스로 목숨을 끊는다는 비극적 이야기를 다루고 있다. 이탈리아 작곡가 푸치니는 정작 일본에는 한 번도 가 본 적 없다. 그는 영국 스코틀랜드 출신 무역상 토마스 블레이크 글로버와 일본인 아내 쓰루코 단카와(일명 쓰루)의 이야기를 전해 듣고, 이를 소재로 삼아 상상력을 더해 오페라 '나비부인'을 만들었다.

　명치 시대 일본에 건너간 외교관, 상인, 공장주, 기사, 학자 등 외국인은 대부분 영국인이었다. 특히 스코틀랜드 출신이 많았다. 일본에서 생활하던 글로버는 1866년 이혼녀였던 쓰루와 결혼한다. 글로버 부인이 된 쓰루는 외국인 사이에서는 '나비부인'이란 애칭으로 불렸다. 그녀는 항상 기모노를 입고 지냈는데, 옷 왼쪽 팔 부분에 나비 한 마리가 수놓아져 있어서다. 오페라 '나비부인'은 여기서 유래했다.

| 오른쪽 산꼭대기(현 파라다이스호텔)에 자리 잡은 영국영사관

인천에서 생활한 '나비부인'의 딸

　　'나비부인'의 남편 글로버는 '스코틀랜드 사무라이'라는 별명답게 '일본 근대 산업의 아버지'라고 칭송받은 인물이다. 그는 스코틀랜드 북해 연안에 있는 자신의 고향 애버딘에서의 경험을 바탕으로 나가사키를 서구식 항구로 조성했다. 그는 1861년 24세의 나이에 글로버상회(Glover & Co.)를 설립했고, 이 회사를 통해 일본 막부와 번에 선박과 무기를 팔아 많은 돈을 벌었다. 일본 최초의 철도와 조선소, 기린 맥주를 만들고 사장을 역임하기도 했다. 후에 이 사업 중 많은 부분을 미쓰비시 창업자에게 공짜로 넘겼다. 그가 관여한 조선, 철도, 맥주, 성당, 주택 등은 '일본 최초의 서구식'이란 수식어가 붙을 정도로 일본에 막대한 영향을 끼쳤다. 그는 이 공로로 일본 왕으로부터 훈장도 받았다.

　　글로버는 영국의 조선소에서 여러 척의 배를 주문해 일본에 팔아넘겨 많은 돈을 벌었다. 그 배 중 한 척이 바로 을해왜요의 주범 '운요호'다. 그는 이토 히로부미를 영국에 유학시키는 창구 역할을 하기도 했는데, 글로버 덕에 서구 문물을 접하게 된 이토는 영국의 철학자 스펜서를 만나 그때 배운 것을 바탕으로 일본 헌법을 기초하기도 했다. 결과적으로 '나비부인'의 남편 글로버는 조선 침략의 원흉을 키우는 데 일조한 것이다.

　　비극적 오페라와 달리 나비부인과 글로버는 행복한 삶을 살았으며 그 사이에 1남 1녀가 태어났다. 딸의 이름은 '하나 글로버'로, 그녀는 1897년 영국인 월터 베넷(Walter J.Benet)과 결혼했다. 베넷은 인천에서 광창양행(Benet & Co.)을 운영하던 무역상인으로, 인천 영국 영사를 겸했다. 하나 글로버는 영국인 남편 베넷을 따라 1896년 10월경 인천에 왔다.

그녀는 1915년부터 1935년까지 남편이 영국 인천영사를 겸했기 때문에 인천영사관(현 파라다이스 호텔 터)에서 생활했다. 하나 글로버는 그 집에서 매일 영종도를 바라보았을 것이다. 그 섬이 자신의 아버지가 일본에 팔아먹은 운요호가 만행을 저질렀던 현장이었다는 것을 과연 알았을까. 그녀는 70세에 사망해 인천 외국인 묘지에 묻혔다.

| 인천 연수구 청학동 외국인묘지에 잠들어 있는 하나 글로버

개항기 이방인들이 잠든 곳

그곳이 고향이든 타지든 살다 보면 살던 곳에서 죽음을 맞기 마련이다. 개항기 인천에서 생활하던 외국인 중에는 인천에서 생을 마감하는 경우가 적지 않았다. 그들을 조선인 공동묘지에 매장할 수는 없었을 터. 외국인 묘지는 1883년 개항과 함께 일본, 중국(청나라)을 비롯한 각 나라와 조약을 맺으면서 조성되기 시작했다. 수교 이전 묘지가 마련되지 않았을 때는 바다가 보이는 언덕에 흩어져 매장됐다가 수교 후 각국 공동묘지가 조계지 부근에 조성되자 그곳으로 이장돼 함께 묻혔다.

1882년 조미수호조약을 체결할 당시 슈펠트가 타고 왔던 스와타라호의 쿠퍼 선장, 성공회 성 미카엘 교회 의료 선교사였던 랜디스 박사, 인천 해관의 통역관이었던 중국인 오례당(우리탕)과 스페인 출신의 부인 아밀리아, 독일계 무역상 세창양행의 헤르만 헹켈 그리고 인천 최초의 스팀정미소로 유명했던 타운센드상회의 월터 타운센드 등이 나비부인의 딸, 하나 글로버와 함께 잠들어 있다. 초기 영국·미국·러시아·독일·이탈리아·네덜란드·폴란드 등 13개국 출신 이방인의 묘비 59기가 세워져 있었는데 이후 7기가 추가되며 현재까지 모두 66기가 남아 있다.

외국인 묘지는 도시화에 따라 1965년 연수구 청학동 산기슭으로 이전했다. 개항기에 조성된 외국인 묘지는 애초 북성동 바닷가 근처에 자리 잡았다. 언젠가는 제물포항에서 배를 타고 자신의 고향으로 돌아가 다시 묻히리라는 간절한 바람이었으리라.

한성정부 수립 선포식이 치러진 것으로 추정되는 자유공원(만국공원) 광장

대한민국 임시정부 씨앗 뿌려진 만국공원

　　　　1919년 4월 2일 인천의 만국공원. 봄기운은 완연했지만 인천 앞바다에서 불어오는 바람은 여전히 차가웠고, 공원은 한가했다. 양산을 받쳐 들고 산책하는 몇 명의 일본 여성과 벤치에 앉아 신문 보는 중년 남자 등이 전부였다. 좀 떨어진 곳에서 유치원생들의 재잘거림이 들릴 뿐이었다. 그들은 일본 전함 치요다호에서 떼어다가 세워놓은 높다란 돛대 아래 모여 있었다. 치요다호는 제물포해전 때 러시아 함선을 공격하는 데 최선봉에 섰던 일본 함선이었다.

　잠시 후 공원 한쪽에 몇몇 사람이 모여들기 시작했다. 그들은 계속 주위를 살피는 등 긴장하는 모습이 역력했다. 그들의 엄지손가락에는 흰 종이나 헝겊이 둘러 싸매져 있었다. 서로를 알아보는 비밀 표식이었다. 얼마간의 시간이 흘렀다. "이제 더 이상 지체할 시간이 없소. 아직 참석하지 못한 지역 대표들은 나중에 다른 방법으로 추인 받도록 하겠습니다." 빙 둘러싸인 무리 중 대표 자격인 한 사람이 문서 더미를 펼쳤다. 그리곤 급하게 읽어 내려갔다. 그들은 미리 마련한 '한성정부 조직안'과 정부 헌법인 약법을 통과시키고 '한성정부(漢城政府)' 수립을 결정했다.

전국 13도 대표자 대회

　　기미독립선언 후 국내외 각지에서 '독립국'을 상징하는 임시정부를 수립하려는 움직임이 끊임없이 일어났다. 국내에서는 서울에서 '한성정부'가 수립되었다. 이를 주도한 인물은 만오 홍진(洪震)이었다.

　홍진은 3·1 운동이 발발하기 전 평양에서 변호사로 활동하고 있었다. 그는 3월 초부터 서울과 인천을 중심으로 임시정부 수립을 비밀리에 추진하기 시작했다. 종교계를 비롯하여 각계의 인사를 끌어들이며 임시정부 수립을 극비리에 추진했다. 일제 경찰의 눈을 피하고자 현직 검사인 한성오의 집을 비밀 아지트로 삼았다. 기독교·유교·천도교를 비롯하여 각계 인사가 참여했다. 처음엔 통일된 의견을 끌어내는데 어려움이 있었지만, 마침내 합의를 이루어내는데 성공했다. 정부의 이름은 '한성정부'로 결정했다. '한성정부 조직안'을 마련한 후, 각 지역의 대표를 소집하여 이를 통과시키기로 하였다.

　곧바로 '13도 대표자대회'의 소집을 추진했다. 일종의 국민회의를 거치는 것이었다. 날짜는 4월 2일로 결정되었고 장소는 인천의 만국공원(현 자유공원)으로 정하였다. 왜 인천이었을까. 만국공원은 개항 후 인천에 들어 온 외국인들을 위해 러시아 건축가 사바틴이 설계하고 조성한 한국 최초의 서구식 공원이다. 미국, 영국, 러시아 등 만국(萬國)에서 온 사람들을 위한 공원으로 치외법권적 성격을 지니고 있는 공간이었다. 반면에 공원 바로 밑에는 일본지계가 설정돼있어 일본인이 많이 거주하고 있었다. 여러모로 독립운동을 실행하기에 불리한 상황이었다. 그러나 일본인들뿐 만 아니라 중국인, 서양인들도 거주하고 있는 공간이라는 점이 오히려 임시정부 선포를 세계에 알릴 수 있는 최적의 장소로 선택되었던 것으로 보인다.

드디어 4월 2일 전국 13도 대표자대회가 만국공원에서 비밀리에 개최되었지만, 많은 사람이 참여하지 못하였다. 4월 초는 3·1 독립운동이 전국으로 확산되어 가던 중이라 일제의 탄압과 경계가 삼엄했던 시기였다. 서울, 강화, 수원 등 인근 지역의 지역대표 20여 명이 참석하였다. 비록 원거리 지역대표들은 함께 하지 못했지만 13도 대표자대회는 일종의 '의회' 역할을 한 대단히 중요한 회의로 평가되고 있

| 상해임시정부 시절의 홍진 선생

다. 그 자리에서 한성정부 수립을 결정했고 이어 4월 23일 서울에서 국민대회를 개최하여 한성정부의 수립을 대내외에 선포하기로 결의했다.

당시 총독부의 정식 허가를 받지 않은 항일 지하신문 '독립신보'는 4월 10일 한성임시정부 초대내각 명단을 실은 호외를 발행했다. 일제의 단속을 피해 등사판으로 급히 제작하는 바람에 '집정관 이승만'과 '총리 이동휘'의 이름을 서로 뒤바꿔 보도하는 실수를 범한다. 이어 한성임시정부 수립 사실은 '연합통신(AP)'을 통해 세계에 타전되기도 했다.

'인삼시세가 좋으니 사라'

한성정부의 수립을 정식으로 선포하기에 앞서 중국 상해에 다른 임시정부가 수립되었는지 먼저 확인할 필요가 있다는 의견이 나왔다. 당시 독립운동 세력 간의 의사소통이 원활하지 못해 각지에서 여러 개의 임시정부가 선포되는 상황이 발생했다. 임시정부 수립을 발표한 곳만도 일곱 군데였다. 이 가운데 조선민국임시정부, 고려공화국, 간도임시정부, 신한민국정부 등은 그 주체가 불분명했다. 단지 문서로만 발표된 '전단 정부'에 불과한, 지금으로 얘기하면 '페이퍼 거버먼트'였다.

한성정부의 정식 선포는 상해의 형편을 알아본 후 결정하는 게 좋겠다는 결론이 났다. 홍진은 그곳의 사정을 알아보기 위해 '밀정'을 파견하며 서로 암호를 정했다. 상해에 임시정부가 이미 수립되었으면 '인삼시세가 나쁘니 사지 말라'는 전보를, 수립이 안 되었으면 '인삼시세가 좋으니 사라'는 전보를 보내기로 했다. 전보 내용에 따라 한성정부의 수립 여부가 결정되는 긴박한 분위기였다.

밀정이 상해에 도착하기 전 이미 그곳에는 다른 지역에서 조직한 '임시정부안'이 먼저 와있었다. 인삼시세가 나쁜 상황이었다. 그러나 그는 이 것을 파악하는 데 며칠이 소요되었기 때문에 전보를 바로 보낼 수 없었다. 상해로부터 아무런 소식도 오지 않자 더는 기다릴 수 없었다. 홍진은 '한성정부 조직표와 조각 명단'을 담뱃갑과 성냥갑 속에 감추어 상해로 향했다.

세 정부 합쳐 '대한민국임시정부' 탄생

이후 한성정부는 노령(러시아 블라디보스토크)과 상해의 임시정부가 통합을 추진하는 과정에서 정통성을 인정받았다. 전원 참석은 아니었지만, 인천 만국공원에서 열린 전국 13도 대표자대회를 거쳤다는 점이 크게 부각되었다. 1919년 9월 11일, 드디어 노령·상해·한성의 세 정부가 통합하여 '대한민국임시정부'를 탄생시켰다. 최근 대한민국의 '건국절'에 대한 논란이 있는데 이 날로 정하자는 의견도 적지 않다.

연합체인 초기 임시정부는 피아 구분이 쉽지 않았다. 임시정부는 내무부 경무국장 밑에 20여 명의 정·사복 경호원을 두고 임시정부 요인의 신변 안전을 책임지도록 하였다. 그들은 동포사회에 잠입해 오는 일본 자객이나 스파이를 색출해서 처단하는 일도 맡았다.

대한민국임시정부는 한성정부에 정통성을 두었고, 한성정부는 대한민국임시정부의 뿌리가 된 것이다. 한성정부, 더 나아가 대한민국임시정부 탄생의 산파 역할을 한 사람이 바로 홍진이었다. 그리고 그

| 상해 임시정부와 임시의정원 요인들이 모습

씨앗이 뿌려진 곳이 바로 인천의 만국공원이었다.

홍진은 임시정부의 입법기구인 임시의정원에서 의장으로 주로 활동했다. 1922년, 1939년, 1942년 세 번에 걸쳐 의장으로 선출돼 백범 김구와 함께 임시정부를 이끌었다. 특히 1942년의 의정원은 좌익진영 인사들이 참여하며 통일의회로 구성되었다. 홍진은 당시 좌우 세력을 아우르며 그 중심에 서서 광복을 맞아 환국할 때까지 의장으로 의정원을 이끌었다. 홍진은 1945년 12월 2일 임정 요인의 제2차 환국 때 광복의 환희와 자주적 민족국가 건설의 희망을 안고 귀국했다.

홍진, 인천 관교동에 안장

신탁통치안이 결의되자 홍진 선생은 민족 자주성의 수호를 위하여 반탁운동에 적극적으로 참여했다. 1946년 2월 전국적 반탁운동 단체인 비상국민회의 의장으로 선출되었다. 이는 오늘날의 '국회 전신'이라고 할 수 있는데, 홍진은 의장으로 과도정권 수립과 신국가 건설을 위해 진력했다. 그러나 그는 병마를 이겨내지 못하고 안타깝게도 신국가 건설의 꿈을 무덤으로 가지고 가야 했다. 그는 1946년 9월 9일 69세의 일기로 서거했다.

서울 명동성당에서 홍진의 장례 미사가 거행되었다. 장례위원장은 백범 김구였고 좌우 진영이 함께 장례를 주관했다. 영결식을 마친 후 운구차는 인천으로 향했고 선영이 있는 관교동에 안장되었다. 그는 대한독립의 꿈을 실제로 처음 펼친 인천과 다시 숙명적으로 만났다.

묘비 아래의 화강암 단에는 "청년(靑年) 동포(同胞)여 병(病)든 나라를 고치는 병원(病院)의 일꾼이 되자."라는 1931년 중국 길림에서 홍진이 남긴 글이 새겨져 있다.

1984년 동작동 국립묘지로 이장되었고 현재 국립묘지 임시정부 요인 묘소에 안치되었다. 관교동에 세워졌던 그의 묘비(너비 40㎝, 높이 65㎝)는 인천광역시립 박물관 야외 전시장에 있었으나 지금은 수장고로 옮겨졌다.

환국 비행기, 사람보다 '문서' 탑승

임시정부는 환국할 때 중요한 문서들을 갖고 들어 왔다. 1932년에서 1945년 사이의 임시정부와 관련된 문건들로 13개 상자에 담아서 들어왔다. 임시정부는 1932년 윤봉길 의사의 상해 홍구공원 거사를 계기로 일제 경찰에 의해 모든 문건을 압수당하였다. 이후 임시정부는 문건들을 비밀리에 보관하였다. 환국할 때 비행기 탑승인원을 제한하면서까지 13개 상자를 먼저 들여왔다. 사람은 못 타도 문서는 실어 날랐다.

그러나 임시정부 문서 13개 상자는 6·25 전쟁 때 행방불명되었다. 폭격으로 불타 없어졌을 것이라고 추정하지만, 그보다는 인민군들이 가져갔을 가능성이 더 크다. 임시정부는 27년 동안 활동하였지만, 현재 임시정부 문건들은 거의 남아 있지 않다.

홍진은 환국할 때 임시의정원 회의록을 비롯한 의정원 문서를 갖고 들어왔다. 그가 사망한 후 그 후손들은 임시의정원 문서를 국회도서관에 기증했다. 이를 기초로 국회도서관에서는 1974년에 「대한민국 임시정부 의정원 문서(大韓民國臨時政府議政院文書)」자료집을 간행했다. 이 자료집이 임시정부가 27년 동안 활동하면서 남긴 유일한 기록이다.

| 인천중산학교에서 열린 '미스 유니버스' 이수영 환영대회 (인천화교협회)

인천화교학교가 배출한 '미스 유니버스'

　　1962년 초, 멀리 영국에서 뜻밖의 낭보 하나가 전해졌다. 인천 출신 화교 이수영(李秀英·19세)이 영국 런던에서 열린 '미스유니버스' 대회에서 2위로 입상했다는 소식이다. 한국 화교 사회는 물론 인천 지역이 환호했다. 이수영은 중국 산동 출신의 부모를 둔 화교 2세다. 인천에서 화교학교인 중산소학을 졸업하고 13세에 대만으로 건너가 타이페이국립예술전문학교 음악과에 진학하였다.

　　이수영의 부친은 인천의 당면 제조공장 노동자로 일하며 슬하에 3남 2녀를 두었다. 맏딸인 그녀는 어려운 집안 형편에도 스스로 학비를 마련하여 학업을 이어나갈 정도로 생활력이 강했다.

인천 화교의 딸, 세계 최고 미인 '왕관'

　　미스유니버스에 출전하려면 예선 격인 자국 미인대회에서 입상해야 한다. 이수영의 국적은 자유중국(대만)이었다. 세계 대회 본선 참가에 앞서 1961년 대만 타이베이에서 열린 '미스차이나' 대회에 출전하여 공동 1위를 차지했다. 이어서 대만 대표로 그해 연말 런던에서 열린 '미스유니버스' 대회에 참가해 2위의 왕관을 차지했다. 동양인으로는 처음으로 준(準) 월드미스에 뽑혀 세계적인 뉴스메이커가 되었다. 그의 뉴스는 여기서 그치지 않았다. 미의 여신 비너스는 그녀에게 다시 한 번 미소를 지었다. 당시 1위 월드미스 수상자가 나중에 규정을 위반한 사실이 발각돼 1위 자격을 상실하게 되었다. 이수영이 1위 수상자를 대신해서 1년간 친선대사로 활동했다. 결국, 이수영이 그해의 미스월드인 셈이었다.

　　1962년 1월 25일 '세계 최고 미인' 이수영은 김포공항으로 금의환향했다. 자유중국 대사 부부, 화교 200여 명, 미스코리아 진·선·미 등 많은 사람이 공항에서 그녀를 맞이했다. 이수영은 "제2의 고향인 한국에 다시 와서 정말 기쁘다"라고 소감을 밝혔다. 다음날 박정희 의장(국가재건최고회의) 부부를 예방했다. 박 의장은 아직 대통령직에 오르지 못했지만, 당시 실제적인 권력 일인자였다. 이어서 판문점 방문, 방송 출연, 미스차이나의 밤 행사 참가 등 17일 동안 전국을 순회했다. 당시 국내 언론사들이 이수영의 일정을 연일 보도할 정도로 그녀의 일거수일투족은 큰 화젯거리였다.

　　1월 31일 드디어 이수영은 인천 화교들의 열렬한 환영을 받으며 고향 인천 땅을 밟았다. 인천화교협회는 그녀의 모교인 북성동 중산학교의 강당 부흥당에 환영대회장을 마련했다. 주한 자유중국 대사 부부를 비롯해 인천시장, 경기도경찰국장, 인천경찰서장, 경기매일신문사장, 경인일보사장, 미스경기 등이 참석했다. 약 1천여 명의 사람이 그녀를 환영하고 보기 위해 학교로 몰려들었다. 그날 만찬은 지금은 짜장면박물관이 된 공화춘(共和春)에서 진행되었다. 며칠 후 인천 시민회관에서는 시민들이 장내를 꽉 메운 가운데 '미스차이나의 밤'이 성대하게 열렸다. 이수영이 인천 화교학교를 방문한 사진이 지금도 북성동 옛 청국영사관 회의청 거실에 걸려있다.

| '미스 차이나' 선발된 후의 이수영 (인천화교협회)

한국 화교 학교의 효시 '인천화교소학'

　　이수영은 인천화교학교 출신이다. 중구 북성동 8번지에 자리 잡고 있는 화교학교의 정식 명칭은 인천화교중산중·소학교(仁川華僑中山中·小學校)이다. '중산(中山)'은 삼민주의를 주창하고 신해혁명을 성공시킨 손문(孫文)의 호다. 북성동 차이나타운을 '차이나타운'답게 하는 것은 청요릿집이나 중국풍 상점이 아니다. 1세기 넘는 긴 시간이 흘렀어도 중국 동네의 정체성을 고스란히 간직할 수 있었던 것은 중산의 정신을 이어받은 화교학교가 그곳에 존재하기 때문이다.

　　화교가 이 땅에 처음 발을 들여놓은 때는 1882년(고종 19)으로 추정된다. 임오군란 때 조선에 파견된 군대를 따라 40여 명의 상인이 입국하였는데 이들이 한국 화교의 시초가 되었다. 이어 1884년 인천 북성동에 청국조계지(淸國租界地)가 설치되면서 머지않아 1천여 명의 화교가 거주하게 된다.

　　화교들은 무엇보다 '학교'가 필요했다. 자녀들의 교육이 급선무였지만 여러 가지 여건상 책상 하나 마련하기도 힘들었다. 학교가 설립되기 전 일부 화교는 어쩔 수 없이 중국으로 자녀를 보내 공부하게 했다. 그렇게 할 수 없는 가정에서는 선생을 초청하거나 부모가 직접 천자문 등을 가르쳤다.

　　중국 영사부의 주도로 마침내 1901년 학교가 설립되었다. 인천중화상무 총회(현 인천화교협회) 건물의 창고 한 칸을 내어 사숙(私塾) 형태로 시작하였다. 초등학교 과정인 소학교로 시작했으며 학교 이름을 '인천화교소학'으로 불렀다. 이것이 한국화교학교의 효시다. 창립 당시 학제는 7년이었으나 1923년 학생 수가 계속 늘어나자 현재 북성동 화교학교 자리에 교실 3칸을 지었고 이때 학제를 6년으로 변경했다.

학교 재정은 중국산 소금을 싣고 인천항에 입항하는 중국 범선에 대해 인천영사관이 징수하는 세금(범선조비)과 화교들이 인천에 거주하기 위해 인천영사관에 등록하는 신청비(적패비)로 충당했다. 여기에 인천 화교의 공동재산인 구 중화의장(내리 공동묘지)의 임대료 수입이 보태졌다. 그런데 인천에 염전이 조성되고 사업이 활성화 되면서 산동성에서 생산한 소금의 수입이 크게 줄어들었다. 이에 적패비는 많이 감소했다. 학교 재정이 어려워지자 1935년 난징국민정부에 기부금을 요청하기도 했다.

인천 북성동에 있는 인천중산학교 본관.
이 학교는 중국이 아닌 대만 정부 소유다.

일제의 화교학교 탄압

　　인천화교학교의 여정이 늘 평탄하고 평안했던 것은 아니다. 화교 사회는 출신지에 따라 남방과 북방의 갈등으로 양분되었다. 산동성 출신 화교로 구성된 산동동향회는 1930년 용머리(현 파라다이스 호텔 부근)에 있던 산동동향회관 내에 '노교소학교(魯僑小學校)'를 설립했다. 기존의 인천화교소학교와 신설된 노교소학교 사이에 학생 확보 경쟁으로 인한 분쟁과 대립 갈등이 있었다. 당시 인천 화교 사회는 인구나 경제력으로 볼 때 산농동향회(북방)가 압도적이었다. 인천 화교소학교에 재학 중이었던 산동성 출신 학생은 부모의 권유에 따라 대부분 노교소학교로 전학했다. 5, 6년 후 노교소학교는 오히려 라이벌 화교소학교에 흡수 통폐합되었다.

　　일제강점기 조선총독부는 직·간접적으로 화교 학교에 대해 간섭이 심했다. 1932년 3월 노교소학교는 중국에서 교과서를 들여왔다. 일제는 그 가운데 삼민주의, 지리, 상식, 역사 교과서 80권을 강제로 압수해 폐기 처분했다. '조선의 강압적인 병합' 등 반일적 내용을 트집 잡아 '공안(公安)에 해로운 서적'이라며 교과서 채택을 하지 못하게 했다. 일제의 경찰과 교육 당국은 교과서의 선정, 교원의 전형 등을 지도하기도 했다. 심지어 일제의 황국신민 정신을 체득한다는 명분 아래 학교에서 황국신민체조를 실시했다.

　　중국 대륙의 정세에 따라 인천의 화교 사회는 편이 갈렸고 학교 정책도 표류했다. 중일 전쟁 발발 이후 난징에 친일 괴뢰 정권인 왕징웨이 정부가 들어섰다. 중화민국 영사관과 연결된 화교소학교와 산동성 출신들이 세운 노교소학교 사이에 장개석(장제스) 정권 지지 여부를 놓고 심하게 대립하기도 했다.

1937년에 접어들자 많은 화교 조직이 일제의 강요를 이기지 못하고 난징의 친일 괴뢰 정권을 지지하는 대열에 참가하였다. 인천중화농회, 인천중화여관조합, 인천중화상회, 인천산동동향회 등 인천 화교 단체 대표들이 모여 왕징웨이 정권에 참가할 것을 표명하였다. 이듬해 1월에는 인천에 사는 중국인 73호 300여 명이 신정부를 지지한다는 결의를 하고 인천 관·민 70여 명을 초청해 중화루에서 연회를 성대히 개최하기도 했다. 1942년 3월 30일은 왕징웨이를 주석으로 하는 중화민국 신정부가 수립된 지 2주년이 되는 날이었다. 중국 영사관에서는 이를 기념해 인천 화교 301가구 1천 536명에게 밀가루

│ 칼을 든 일본 경찰, 군인들과 함께 찍은 화교 임원들 (인천화교협회)

600포를 무료 배급했다.

중일전쟁으로 휴교 중이던 인천화교소학교는 왕징웨이 정권의 지지를 맹세하면서 다시 개교하였다. 일제는 학교에 친일 괴뢰 정권의 오색기와 일장기를 걸라고 강요했다. 인천부의 일부 친일 화교들은 일제에게 6,000여 원어치 방공용·경찰 전용 전화 가설 경비를 기부하기도 하였다.

6·25 참전 화교 의용대

1945년 광복이 되자 인천 화교들의 위상은 완전히 달라졌다. 그들의 조국 중화민국(장제스 정권)이 2차 세계 대전의 승전국이 되었기 때문이다. 본의 아니게 일본과 맞서 싸운 '연합국의 국민'으로 신분이 바뀌었다. 미군청의 호위 아래 본토와의 무역도 다시 활발해졌다. 무엇보다 인천 각 지에 있던 적산가옥 4,500채 중 11%가 화교들에게 매각되는 엄청난 특혜를 누렸다.

중국 대륙이 국공 내전에 휩싸이자 사정은 또 바뀌었다. 1949년 6월 17일 피난민 1천 40여 명을 태운 10여 척의 배가 인천 소월미도에 정박했다. 그들은 대부분 장제스(장개석)의 국민당계 가족이었다. 공산당이 대륙을 점령하자 급하게 바다를 건너 피난 온 것이었다. 소월미도에 임시수용소가 설치되었고 한국 땅에 가까운 친척이 있는 일부 사람만 육지로 나왔고 대부분은 대만으로 수송되었다.

그런 와중에 중공군 간첩이 인천에서 체포되는 사건이 발생했다.

1950년 4월 2일 중국(중공) 공안국에 밀령을 받은 간첩이 한국에 잠입해 학익동에 위장 취업했다. 재한 화교들을 대상으로 중공 정책 선전 공작과 중국 국민당 입당자를 은밀하게 조사했다. 특히 남한 내의 남로당 계열과 연락하여 본국에 보고하기도 했다.

6·25 전쟁이 터졌다. 전란은 화교들에게도 엄청난 영향을 끼쳤다. 1950년 7월 15일 인천은 북한군에 완전히 점령당했다. 이때부터 인천상륙작전까지 약 2개월간 인천 화교 사회는 좌우 이념의 혼돈 속에서 혼란을 겪었다. 공산주의자들이 주축이 된 인천화교구국회가 결성

6·25 전쟁 때 한국군을 돕기 위해 참전한 화교 의용대원 (인천화교협회)

되는 등 이데올로기에 따라 크게 양분되었다. 유엔군이 인천을 탈환하자 인천 시민들은 화교들이 공산당의 앞잡이 노릇을 했다고 강력하게 비난했다. 북한 인민군에 협력한 화교 '부역자'를 색출하는 일이 대대적으로 벌어졌다. 공산주의자 화교들은 북한으로 이미 도망갔기 때문에 체포된 화교는 없었다.

인천상륙작전 후 파죽지세로 북진하던 국군과 유엔군이 그해 10월 중공군 개입으로 퇴각했다. 그 시점에 화교 의용군 참전이 이뤄졌다. 한국에 살던 화교 청년들 2백 명이 자원해 모였다. 그들에게 한국은 지켜야 할 '제2의 조국'이었다. 70여 명은 무장공작대원으로 뽑혔고 나머지는 후방 업무를 담당했다. 부대 명칭은 '서울 차이니즈(Seoul Chinese)'의 이니셜인 SC지대였다. 그들의 주 임무는 육해공 모든 '루트'를 이용해 적 후방에 침투해 군사정보를 캐오는 위험한 임무였다.

중국어와 한국어 모두 능통한 화교 첩보원들은 월북할 때는 항상 중공군 옷과 북한 인민군 옷을 겹쳐 입었다. 적진에서 중공군을 만나게 되면 재빨리 인민군 옷을 입고 한국인 행세를 했다. 반대로 북괴군을 만났을 때는 중국어를 해대며 중공군 행세를 했다. 후방의 대원들은 무선 감청과 중공군 포로 심문 등의 활동을 했다. 1973년 대한민국 정부는 6·25 전쟁에 참전한 몇몇 화교에게 보국포장을 수여했다. 특히 혁혁한 공을 세운 장후이린과 웨이쉬팡은 금성무공훈장을 탔고 후에 국립서울현충원에 안장되었다.

이른바 '항미원조(抗美援朝)'의 기치를 걸고 참전한 6·25 전쟁 중에 포로가 된 중공군이 많았다. 그중에는 중공으로 돌아가길 거부하는 반공포로 1만 4천여 명이 있었다. 1954년 1월 20일 그들은 자유의 몸이 되었다. 인천항에는 청천백일기, 태극기, 유엔기를 흔들며 환송하는 화교들로 가득했다. 그들은 꽹과리를 두드리고 사자춤을 추며 한바탕 축제를 벌였다. 일본에 거주하는 화교들은 반공포로들을 위해 사과 1천 상자를 보냈다. 자유의 몸이 된 그들은 LST 5척, 수송선 2척에 나눠 타고 중국 대륙을 지나쳐 대만으로 향했다. 미 공군과 해군이 대만에 도착할 때까지 그들을 호위했다.

주안·용현·부평분교 설립

화교 학교는 화교 사회의 번성과 침체에 따라 그 학생 수가 증감했다. 인천의 화교들은 북성동 주변에 모여 살다가 점차 주안, 용현동, 부평 등으로 퍼져 나갔다. 그곳에도 작은 화교 사회가 형성되면서 학교가 세워졌다. 1946년에 주안분교, 1951년에 용현분교와 부평분교가 설립되었다. 그곳 분교에서 3학년까지 마치고 4학년 과정부터는 북성동 본교로 와서 공부했다. 그 밖에 수원, 평택 등에서 유학을 오는 학생들이 적지 않았다. 그들을 위해 오림포스 호텔(현 파라다이스호텔) 밑에 있던 영미연초회사(Chemulpo Tabacco Co.)가 있던 건물을 학교 기숙사로 사용했다.

초기에는 인천화교학교에 중등과정이 없어 초등학교 졸업생은 모두 서울화교중학교로 진학했다. 대다수의 학생이 기차를 이용해 서울로 통학해야 하는 어려움이 있었는데 1957년 9월 인천중산학교에 중등과정이 개설되었다. 중등부를 졸업한 학생들은 상급학교가 없어 다

| 용현분교 1965년 졸업앨범. 이 학교는 1987년 학생 수의 급감으로 폐교 되었다.(인천화교중산중소학)

시 서울이나 부산의 고등부 과정으로 진학했다. 인천 화교들은 지역의 우수한 인재들이 외지로 빠져나가는 것을 큰 손실로 여겼다. 1964년 9월 1일 정식으로 고등부 과정이 생김으로써 인천화교중산학교는 비로소 완전한 초·중·고의 체계를 갖추게 됐다.

1970년대 초·중·고 전교생은 1,500여 명에 이르렀다. 농구 코트두 개 크기의 운동장에 함께 모이면 말 그대로 '바글바글'했다. 예전에는 소학교 교장, 중고등학교 교장이 따로 있을 만큼 학교 규모가 컸다. 지금은 전교생이라야 300여 명에 불과하다. 유치원, 초등학교, 중·고등학교까지 합친 숫자다. 학년마다 한 학급씩 운영되고 있으며한 반에 30명 정도가 공부하고 있다.

매년 10월에는 화교의 3대 중요 행사가 있다. 중화인민 국경일 쌍십절(10월 10일), 화교절(10월 21일), 장개석 총통 생일(10월 31일)이다.이날에는 화교협회와 학교가 중심이 되어 기념식을 치른 후 용춤과 사자춤 등 중국전통놀이를 공연한다. 공연 준비는 학생들의 몫이다. 1997년 9월에 창단된 중국 전통무용단은 인천중산학교의 자랑이다. 쌍십절이나 개교기념일에 화려한 용춤과 사자춤을 선보이며 이국적인 볼거리를 제공한다. 예전에는 쌍십절을 손꼽아 기다려 일부러 화교학교로 구경 가는 시민들이 적지 않았다. 그날이 되면 학부모와 구경꾼 그리고 잡상인들로 차이나타운 골목은 온종일 북새통을 이뤘다. 무용단과 밴드부는 인천시민의 날 거리행진에 단골손님으로 초청되기도 했다

청천백일기 나부끼는 중산학교

현재 인천중산학교는 대만 정부의 것이다. 중국 소유가 아니다. 학교 운동장 국기 게양대에는 오성홍기가 아닌 청천백일기가 나부낀다. 71년 9월 20일 1천여 명의 화교들이 중산학교에 모여 중공의 유엔 가입을 반대하는 대대적인 집회를 벌였다. 1975년 4월 5일 대만 총통 장제스가 향년 87세로 세상을 떠나자 차이나타운 전체가 슬픔에 잠겼고 며칠 후 인천화교협회는 추모대회를 개최했다.

1992년 8월 우리나라와 중화인민공화국(중국)이 수교하고 중화민국(대만)과 단교했다. 한국이 중국과 가까워졌지만, 화교학교는 여전히 대만 정부의 소유다. 예전엔 대만 정부에서 학교운영비를 보조했으나 지금은 학생들 교과서만 지원한다. 초기에는 대만에서 공급받은 교과서의 수가 부족해 복사해서 제본해 나눠주기도 했다. 현재 학교

중산학교에서 열린 2016년 쌍십절 축하공연

운영은 학생들이 내는 등록금과 동문의 기부금으로 운영되고 있다.

화교학교에서는 우리나라 학교와 거의 비슷한 과목을 가르친다. '국문(國文)' 시간에는 표준어인 북경어를 배우고 일주일에 3시간 있는 '한문(韓文)' 시간에는 한글과 한국어를 배우는 게 다를 뿐이다.

매년 졸업생 중 10명 정도는 대만 대학에 진학한다. 80년대까지는 대만교육부에서 매년 6월 한국으로 건너와 화교들을 대상으로 대만 대학 입시를 주관하기도 했다. 예전에는 화교들이 대만으로 가면 시민권이 나와 대학을 졸업한 후 직업을 갖고 그곳에서 정착하는 경우가 많았다. 그런 이유로 한국에 있는 것보다 대만으로 가는 것을 선호했다. 대만에서는 화교를 '외성인(外城人)'이라 부른다. 그들은 정체성의 혼란을 겪기도 했다. 90년대 이후부터 대만 정부는 화교들이 대만에 들어와도 시민권을 주지 않는다. 이 때문에 대만행이 예전만 못하다. 최근에는 국내 대학을 외국인 특례로 들어가는 경우가 많다. 주로 한의대, 공대, 무역학과 등으로 진로를 잡고 있다. 현재 인천중산학교에는 30명 정도의 교사가 근무한다. 한글 선생님 한 명을 빼고 모두 화교 출신이다. 이들 대부분 한국에서 중고등학교에 다니고 대만 대학에 진학해 졸업 후 한국에 돌아와 교편을 잡은 교사들이다. 대만에서 초빙된 교사도 3명 있다.

화교 학교에 다니는 학생 중 '6·25 세대'로 불리는 아이들이 있다. 6·25 전쟁통에 태어난 아이들이 아니다. 이제 화교 가정은 어머니는 대부분 한국인이다. 몇 세대를 거치면서 한국화 돼 중국 화교의 피는 6.25%만 섞였다는 뜻이다. 그들은 화교 학교에 들어가서 공부를 하지만 중국어보다는 한국어가 편하다. 한국인 친구들처럼 한국의 걸그

중산학교 교정에는 중국의 오성홍기가 아닌 대만의 청천백일기가 휘날린다. 국기 하강식의 학생들 (김보섭 사진)

룹에 열광한다.

인천중산화교 학생 중에도 아버지가 화교, 어머니가 한국인인 경우가 절반 정도를 차지해 순수 화교 학생의 비중이 높은 편은 아니다. 얼마 전부터는 중국본토 출신 학생도 재학하고 있는데 대부분 취업을 위해 한국에 온 조선족의 자녀들이다. 이 추세는 점점 늘어나고 있다. 이제 화교 학교에는 '중산(中山)'의 정신이 6.25%밖에 남아있지 않은 듯하다.

인천아트플랫폼은 개항기 인근에 있던 물량장 '칠통마당'의 이름을 딴 인천생활문화센터를 개관했다.

사람을 키워낸 칠통마당

신문물이 들어오던 개항장은 새로운 세계에 대한 개안(開眼)의 공간이자 신분질서가 무너진 기회의 땅이었다. 바다는 꿈을 꾸게 했고 항구는 '인물'을 만들어 냈다. 1883년 인천이 개항하고 최초로 들어온 상선은 4월 13일 일본 기선 진서환(鎭西丸)과 범선 동복환(同福丸) 그리고 숙미환(宿彌丸)이었다. 이 3척의 배는 상품을 가득 적재하고 제물포항에 들어왔다.

짐을 부리기 위해서 사람들이 필요했다. 짐꾼까지 일본에서 데려올 수는 없는 노릇이었다. 항구 부근의 사람들을 끌어 모아 일당을 주고 하역부로 고용했다. 이때부터 우리나라에 '부두 하역꾼'이란 직업이 생기기 시작했다. 초기에는 각자 무리를 짓는 '작당'을 하여 하역꾼이란 특수 집단을 구성해 선주나 화주와 노임을 흥정했다. 이후 화주와의 분쟁, 하역 집단끼리의 다툼 등이 생기면서 정부 기관인 화도진의 별장이 간섭하기 시작했다고 한다.

"찔통, 찔통" 하다가 '칠통마당'

제물포 항구의 하역장은 '칠통마당'이라 불렀다. 개항기 때부터 화물선에 실을 물건과 배에서 내려놓은 각종 화물을 쌓아 놓았던 장소다. 주로 황해도 해주, 연백, 강화, 충남 서산, 당진 등지의 곡창지대에서 옮겨 온 볏섬들을 잔뜩 쌓아 놓았다. 지금의 인천중부경찰서에서 인천여자상업고등학교에 이르는 선착장이 바로 그곳이다.

'칠통'은 시내에서 이 마당으로 통하는 길이 7개여서 붙은 명칭이라거나, 인천항으로 미곡을 실어오던 경기·충청·황해도 연안의 항구가 일곱 군데여서 부르던 지명이라거나 하는 설이 있으나 분명하지 않다. 오히려 물건을 어깨에 짊어지고 져 나르는 통을 일컫는 '질통'에서 파생했을 가능성이 크다. 선착장에는 각종 화물을 나르는 다양한 질통이 가득했을 것이다. "찔통, 찔통"하다가 "칠통"이 된 듯하다.

칠통마당은 언제나 북새통이었다. 쌀가마니를 비롯한 각종 화물 사이로 거간꾼과 뱃사람 그리고 선창의 하역부들이 분주하게 오갔으며 조그만 빈터에는 떡장수와 엿장수의 노점과 간이주점이 차려졌다.

인천항이 무역항으로서 성장하게 된 계기는 '축항'의 완공이었다. 물때와 상관없이 배들이 항구를 드나들 수 있게 갑문식 선거를 만들었다. 이 공사는 1911년 착공해 1918년 마무리되는 대공사였다. 축항 건설로 인해 칠통마당이 들어서게 되었다. 이후 이곳은 객주, 쌀 거간, 투기꾼, 막노동꾼, 목도꾼, 허드레꾼, 지게꾼, 노점상 등이 뒤섞여 하루하루 살아가는 삶의 현장이었다. 이들은 인천 토박이뿐만 아니라 전국 각지에서 몰려온 사람이 대부분이었다. 그 시절 인천항에 기대며 살았던 그들의 애환을 담은 민요 '인천 아리랑'이 구전돼 불렸다.

　인천 제물포 모두 살기 좋아도/왜인(倭人) 위세에 난 못 살겠네 흥//
에구 대구 흥/단둘이만 사자나/에구 대구 흥 성하로다 흥//아리랑 아
라랑 아라리오/아라랑 알선 아라리아//산도 싫고 물도 싫고/누굴 바라
고 여기 왔나//아리랑 아리랑 아라리오/아라랑 알선 아라리라//

현재의 중부경찰서에서 인천여상까지 이어진 옛 칠통마당

도크 바로 옆 오른쪽 길이 옛 칠통마당이다.

삼으로 엮은 신발 독점 판매

　　김정곤은 경상도 하동 출신이다. 큰 장사꾼의 아들이었으나 부친이 고을 사또와 갈등을 빚으면서 고향을 등지게 되고 그 과정에서 하루아침에 집안이 쑥대밭이 된다. 그는 일본인이 운영하는 쌀배에서 잡역부 노릇을 한다. 1880년경 뱃일을 청산하고 인천으로 건너온다. 그의 유일한 밑천은 유창하게 구사하는 일본말이었다. 일본배를 타면서 동냥귀로 익힌 말이었지만 그의 인생을 바꿔 놓는다. 인천 일본지계의 일본 상점을 기웃거리며 장사할 거리를 찾았다. 그는 일본 무역상을 상대로 쌀 거간을 하고 싶은 욕심이 있었으나 그만한 밑천이 없었다. 이런저런 궁리를 하던 중 한 곳에 눈길이 갔다. 그리곤 확신에 찬 듯 쾌재를 불렀다.

　부두 하역장 주변을 배회하는 수천 수백 명의 일꾼은 낡은 짚신을 신고 있었다. 하역일은 하는 모군(募軍)들의 짚신은 하루를 견디지 못하고 헤졌다. 모진 일을 하므로 한 사람이 평균적으로 한 켤레씩을 소모했다. 게다가 바닷물이 묻으면 더 빨리 헤졌다. 하역부들의 '짚신타령'은 심각했다.

　그의 눈길을 끈 것은 배에서 밧줄로 사용하는 '삼'이었다. 지푸라기로 얼기설기 엮어낸 짚신이 아니라 질긴 삼으로 만든 삼신을 파는 사업을 구상한 것이다. 주머니 속의 3백량을 갖고 서울까지의 1백 리 길을 뛰다시피 해서 종로의 신전(신발가게)으로 갔다. 삼신을 하루에 삼백 켤레씩 대줄 수 있는지 흥정을 했다. 독점 공급 약속을 받은 그는 매일 인천~서울까지 왕복하며 삼신을 가져다 인천항 부둣가에서 팔았다. 삼신은 삽시간에 날개 돋친 듯 팔렸다.

어느 날 그는 가게 앞에 광고판을 세웠다. "낡은 삼신을 두 켤레 가져 오면 한 푼에 다시 삽니다." 그의 가게 앞에는 하역부들의 헤진 삼신이 산더미처럼 쌓였다. 용산의 한 제지사에서 양지를 만드는 원료로 쓰기 위해 닥나무 껍질과 낡은 삼베를 사들인다는 소문을 들은 것이다. 이와 함께 궐련 공장에서 궐련을 마는 담배 종이에 삼베가 들어간다는 정보를 알아낸 것이었다. 그는 앞으로 남기고 뒤로도 남기면서 엄청난 돈벌이를 한다.

이참에, 인천에서 제작되었던 '창조적' 신발 이야기를 하나 더 소개한다. 김정곤의 '삼신' 외에 몇 년 후 인천에서는 획기적인 신발이 하나 더 탄생한다. 인천 내리에 사는 이성원은 약관의 나이에 경동 싸리재에 삼성태(三成泰)라는 양화점을 개점한다. 그는 값싸고 편리한 신발을 만들기 위해 여러 가지 재료를 사용하여 실험을 거듭한다. 마침내 1911년 '경제화(經濟靴)'라는 신발을 고안해 낸다. 당시로써는 획기적인 재료인 헝겊과 가죽을 이용한 이 신발은 가벼우면서도 질겼다. 무엇보다 이름 그대로 값이 싸서 경제적이었다. 1년에 약 7천 켤레를 제조했으며 전국에서 날개 돋친 듯 팔려 나갔다. 이 신발은 1913년 정식으로 특허등록이 이뤄졌다.

그는 여기에 그치지 않고 종래 실과 바늘로 신발 밑창을 붙이던 방식을 자신이 개발한 접착제로 붙이는 '삼성화'라는 신발을 개발했다. 동경박람회에서 수상한 이 신발을 일본군 병참부대에서 군수품으로 납품을 타진하기도 했다. 동아일보를 비롯한 당시 언론은 튼튼한 신발 바닥, 연결 쇠못 등 10여 종의 특허품을 발명한 이성원을 '천재'로 소개했다.

건강한 신체만 있으면 인천에서 밥은 먹을 수 있다는 말이 퍼져 젊은이들이 제물포 부두로 몰려들었다.

맨손으로 바라크 인양

　　일자리를 찾아 인천으로 사람들이 몰려들었다. 1905년 인천에는 조선인이 1만 866명 살았는데 일 년 후 1906년에 2만 8천 362명으로 급증했다. 너도나도 돈을 벌기 위해 호미와 쟁기를 던져버리고 제물포항으로 몰려들었다. 개항되면서 모여든 하역 노동자들은 원래 소농민, 어민, 막일꾼 등이었다. 처음에는 배가 들어 올 때만 일시적 또는 계절적으로 하역 일에 종사하였다. 점차 화물선이 빈번하게 정기적으로 들어오면서 부두 노동자로 전환되었다. 항만은 우리나라에서 가장 먼저 임금노동자가 생긴 곳이다. 개항 바람을 타고 전국 각지에서 모여든 총각과 홀아비를 수용하고 침식을 제공해야 하는 시설이 필요했다.

　　1887년 무역선이나 기선회사에서 하역 인부 공급을 요구해 오면 이에 응하고 구전을 떼는 용역업체 모군청(募軍廳)이 생겼다. 마치 군인을 모집하는 오늘날의 병무청으로 착각하기 쉬워 나중에 그 이름을 응신청(應信廳)으로 고친다. 날이 갈수록 하역일은 분업화되었다. 처음에는 담군(擔軍:짐군)에서 목도군으로, 이어서 하륙군(下陸軍), 두량군(斗量軍)으로 직능이 분화되면서 오늘날의 항만 노동자 성격을 갖게 되었다.

　　갈수록 노동력의 수요가 늘어나면서 모군청 하나만으로는 하역작업을 제대로 충족시킬 수 없었다. 일본의 세력이 침투하면서 일본식의 조(組·구미)라는 이름의 용역업체가 생겨났다. 영신조(永信組 원래 모군청)와 창신조(昌信組) 인신조(仁信組) 등이었다. 이들은 불필요한

| 6·25 전쟁 후의 응신청의 흔적. 한때 피난민 수용소로 사용했다.

경쟁을 피하기 위해 업무 영역을 구분했다. 영신조는 외항선의 하역, 창신조는 국내선의 하역, 인신조는 쌀 하역(칠통마당 전담)을 맡았다. 영신조와 인신조의 본부는 내동에, 창신조는 신흥동에 자리 잡았다.

삼으로 만든 신으로 큰 목돈을 손에 쥔 김정곤은 인천 부두의 하역 인력 사업에 손을 댄다. 자금을 갖고 있을 뿐 아니라 일본말이 능숙해 경상도 사람이 주도권을 잡은 하역 사업계에 뛰어드는 것은 쉬운 죽먹기였다. 김정곤은 몸이 튼튼한 데다 목소리가 유달리 크고 얼굴에 범의 기상이 서려 있어 씩씩하게 보였다. 일본인 청부업자가 감독원으로 쓸 사람을 구할 때 기상이 활달해 보이는 그를 보고 단번에 발탁했다. 이후 영신조 조장이 된 그는 하루에 부두 노동자 2천 명을 손쉽게 동원 시킬 수 있는 제물포항의 '실력자'가 된다.

그의 입지가 더욱 굳건해지는 사건이 인천 앞바다에서 벌어졌다. 바로 러시아와 일본이 일전을 벌인 '제물포해전'이다. 부두 노동자의 공급권을 완전히 거머쥔 2년 후인 1904년 2월 8일 러시아의 최신 순양함 바랴크호가 일제의 기습으로 침몰했다. 그때 김정곤은 일제로부터 바랴크 인양 작업 청부를 맡는다. 작업은 영신조에 속한 하역꾼들이 맨손으로 진행했다. 바다 위에 수십 척의 판선을 띄워놓고 작업대

| 뒤집힌 바랴크함에서 인양 작업을 하고 있다. (『사진으로 보는 인천시사 ❶』, 인천광역시사편찬위원회)

를 설치하였다. 수백 가닥의 삼으로 꼰 밧줄에 묶은 쇠갈고리를 잠수부들이 꽁무니에 차고 바다 속으로 뛰어들었다. 그들은 가라앉은 선체에 갈고리와 밧줄로 얽어 놓았다. 바다 위 판선들 위에 있는 수백 명의 인부가 밧줄을 당겨 배를 떠오르게 했다. 그 대가로 그는 10만 원의 거금을 받았다. 참고로 당시 최상품 쌀값이 한 섬(144kg)에 1원 8전이었다. 1000원으로도 쌀 1000섬 남짓 살 수 있었다.

그는 제물포항에 닻을 내린 일제의 함선에서 무거운 대포나 기관총 등 군수품과 엄청나게 많은 군량미를 하역하는 일도 도맡았다. 일본군에 협조한 공으로 일본 6등 훈장을 수여했다. 그런데 그의 형 김창현이 3·1독립만세 때 인천 간석동에서 주동자로 체포되는 바람에 6등에서 8등으로 강등되는 수모를 겪는다.

전쟁은 친일파들의 주머니를 두둑하게 만들었다. 지역 유지, 자본가로 구성된 친일파들은 러일전쟁 당시 일본군의 승리를 기원하면서 자발적으로 군자금을 헌납하였다. 일제에 군자금을 헌납한 인천 지역의 조선인은 전동의 김정곤을 비롯해 용동의 강봉현, 내동의 최봉진 등이었다.

김정곤은 1903년 인천항신상회사 사장 서상빈이 주도한 제령학교 설립 때 큰돈을 기부한 것으로 알려졌다. 대한자강회 인천지회 지회장을 맡고 인천에서 애국계몽운동을 선도한 정재홍 열사가 김정곤의 집에 육혈포(권총)를 들고 들어가 위협해서 받아냈다는 설도 있다. 김정곤은 1910년대 초까지 인천부두노동자의 지배자로 군림했다. 이후 노동운동이 활성화되면서 서서히 그의 힘은 떨어졌고 결국 그는 행방조차 묘연해질 만큼 하루아침에 인천에서 연기처럼 사라졌다.

인천항 하역부 정주영의 꿈

현대그룹을 창업한 고(故) 정주영 명예회장(1915~2001)은 자신의 꿈을 이루기 위해 젊은 시절 수차례 '가출'을 했다. 네 번째 가출은 1933년으로 열아홉 살의 나이에 인천으로 왔다. 그는 항구에서 하역과 막노동을 했다. 한 푼이라도 아끼기 위해 방을 얻지 않고 노동자 합숙소에서 잠을 잤다. 숙소에는 빈대가 들끓어 잠을 설치기 일쑤였다. 참다못한 노동자들은 방 안 구석에 놓여있는 기다란 상 위에 올라가 잠을 청했다. 새벽이 되지 극성스런 빈대들이 상다리를 타고 올라와 피를 빨았다.

이를 유심히 본 정주영은 한 가지 아이디어를 냈다. 네 개의 상다리를 물로 가득 채운 대야에 담가놓고 그 위에 올라가 잠을 잤다. 물 때문에 빈대들은 상다리로 오르지 못했다. 며칠 밤 노동자들은 편안하게 잠을 이룰 수 있었다. 하지만 그것도 오래가지 못했다. 다시 빈대들의 공격이 시작되었다. 정주영은 밤중에 불을 켜고 빈대들의 움직임을 살펴보았다. 그는 깜짝 놀랐다. 빈대들은 벽을 타고 천장에 올라간 다음 사람들을 목표로 공중낙하를 하고 있었다.

그때 정주영은 큰 깨달음을 얻었다. "그렇다. 빈대 같은 미물도 생존을 위해 저렇게 필사적이다. 사람도 빈대처럼 끈질기게 노력하면 얼마든지 성공할 수 있다. 결코, 빈대만도 못한 인간이 될 수는 없다." 이것이 바로 그 유명한 정주영의 '빈대철학'이다. 그 후 정주영은 어려운 일이 닥칠 때마다 인천항에서 얻은 '빈대철학'을 되새겼다. 그의 기업가 정신의 첫째가는 덕목으로 도전정신을 꼽는다. 그가 즐겨 쓰

| 인천항 부두 하역 모습 (인천시)

던 '시련은 있어도 실패는 없다'는 말은 어쩌면 인천항 합숙소의 빈대들이 외쳤던 구호일 것이다.

그는 인천 부두에서 오로지 몸뚱어리 하나로 일하는 하역부로 일했다. 인천항은 수심이 낮아 외국에서 큰 배가 들어오면 물자들을 작은 배로 옮겨 실어야 했다. 그는 배에서부터 무거운 짐을 등에 지고 육지로 옮기면서 이런 꿈을 꾸며 일했다. "내가 이다음에 돈을 벌면 반드시 조선소를 짓겠다. 내가 등짐을 지어내리는 이 같은 배를 꼭 내 손으로 만들겠다." 당시 열아홉 살인 정주영이 인천에서 꾸었던 이 꿈은 훗날 세계적인 조선회사인 현대중공업으로 이뤄낸다.

현대제철 욕심 낸 이명박 사장

　　　　정주영과 인천의 인연은 계속된다. 세계적인 철강 업체로 성장한 현대제철을 잉태하고 성장하게 한 곳은 인천이다. 1941년에 설립돼 요철을 생산한 조선이연금속은 광복 후 조업이 중단되었다가 대한중공업공사로 재가동되었다. 전후 시설 복구에 필요한 철강재를 생산해 공급했고, 1962년 인천중공업으로 이름을 바꿨다.

　　수출 정책과 중공업 산업에 드라이브를 건 박정희 정권은 철강 산업을 집중적으로 지원했다. 인천중공업을 민영화하는 동시에 민간기업의 철강 산업 참여를 유도했다. 인천중공업은 1970년 인천제철과 합병한 후 78년 현대그룹으로 흡수되면서 '현대제철'로 그 이름이 바뀐다. 정주영 회장은 철강 산업에 진출한 후 인천제철에 깊은 애정을 보였다. 정 회장의 진두지휘 아래 대형 공장을 잇달아 건설하고 국내 업체 최초로 대형 구조물 골조로 사용되는 H형강을 생산하는 등 기술적으로 큰 발전을 이뤘다.

　　이 대목에서 '경영인' 이명박의 이야기가 나온다. 1978년 6월 현대제철 사장으로 이명박이 취임한다. 그는 81년까지 약 3년 동안 현대제철 사장직을 맡는다. 91년경 정주영 회장이 통일국민당을 창당할 즈음 이명박 사장은 정 회장에게 "현대제철을 자신에게 달라"는 요구를 했다는 설이 있다. 한마디로 거절당했고 이후 두 사람은 다른 길을 걷게 되었다고 한다.

한진의 탯줄 묻힌 인천

  스물다섯 청년 조중훈(1920~2002)은 그동안 모아둔 돈으로 트럭을 한 대 장만했다. 1945년 11월 1일 인천시 해안동 2가 9번지에 '한진상사' 간판을 내걸었다. '한진'은 '한민족의 전진'이라는 뜻을 담은 이름이었다. 당시 인천항에는 상하이에서 건너온 온갖 물자가 밀려들었다. 라이터돌까지 수입할 만큼 거의 모든 생필품이 해외각지에서 들어왔다.

  인천 앞바다를 오가는 수많은 화물선을 보며 '운송업'이란 단어가 섬광처럼 그의 뇌리를 스쳤다. 광복을 맞은 한국 땅에는 많은 화물이 움직이고 있었지만, 운송 수단은 절대적으로 부족했다. 당시 남북한 전역에 굴러다니는 자동차는 8,000대에 불과했다. 조중훈은 헐값으로 배와 트럭을 사들여 직접 수리하면서 장비를 늘려나갔다.

  한진상사는 인천항에 들어오는 물자를 서울로 쉴 새 없이 실어 날랐다. 창업한 지 5년이 지나자 한진상사는 종업원 40여 명에 트럭 30대와 화물운반선 10척을 보유하게 되었다.

  6·25 전쟁은 모든 것을 앗아갔다. 피땀으로 늘려놓은 차량과 장비는 군용으로 징발돼 뿔뿔이 흩어지고 말았다. 1953년 휴전 후 그는 다시 인천에 돌아와 회사 재건에 힘을 쏟았다. 폭격을 맞아 잿더미가 된 항동 사옥 건너편에 땅을 구입해 다시 '한진상사' 간판을 내걸었다. 지인들을 찾아다니며 돈을 빌려 트럭을 몇 대 장만했다.

  그 무렵 인천항으로 엄청난 물량의 미국 물자들이 들어오고 있었다. 심지어 호랑이 실은 배 한 척이 입항하기도 했다. 1955년 4월 4일

| 찰리부두와 인접한 미군부대(현재의 인천중부경찰서). 파라다이스호텔 옆으로 보이는 부두가 옛 객선부두, 염(소금)부두 등이다.

하오 늦게 인천항에는 미국 샌프란시스코에서 출발한 '필리핀베어'호가 들어 왔다. 이 배에 어미 호랑이와 새끼 세 마리 그리고 미국산 물개 다섯 마리 등이 실려 왔다. 아프리카산 사자도 한 마리 있었으나 안타깝게도 항해 도중에 죽었다.

1951년 4월 인천항 제1선거는 미 항만사령부에 징발되었다. 이후 인천의 항만시설은 사실상 미군 측에서 독점적으로 사용하는 공간과 한국 측에서 사용하는 부분이 나뉘었다. 미군이 사용하는 시설로는 제1선거와 찰리부두(제물포부두), 월미도 물양장이었다. 일반이 사용할 수 있는 곳은 관설부두, 염부두, 조기부두, 화수부두 등이었다.

물류 수송으로 국가에 보답

6·25 전쟁이 마무리되는 시점인 1953년 6월 미군 측은 부녀자를 대상으로 부두하역 노무원을 모집했다. 일종의 군경 유가족 원호를 위한 방책이었다. 인천 군경직업보도소를 통해 모집했는데 1천여 명의 지원자가 몰릴 만큼 대혼잡을 일으켰다. 그중 312명을 채용해 연령에 따라 주간반과 야간반을 구성해 비교적 경노동급의 하역 작업에 투입했다.

인천항으로 들어온 군수품은 수십만 평 규모의 부평 보급창 캠프 마켓을 거쳐 의정부, 동두천 등의 부대로 운반되었다. 조중훈은 이것을 주목했다. 1956년 미군의 수송용역 계약을 따낸다. 이 일은 한진상사를 한 단계 도약시키는 계기가 되었다.

조중훈은 경쟁사들보다 두 배로 열심히 뛰어다녔다. 인천항에 있는 미군 군수창고는 정해진 일과 시간에만 문을 열어주었다. 이 때문에 먼 곳에 있는 배송지까지 갔다 오면 날이 저물어 하루에 한 번밖에 수송하지 못했다. 그는 경쟁사와는 다른 전략을 폈다. 한진상사 트럭은 군수창고에서 물건을 받아오면 배송지로 바로 가지 않고 회사 마당에 물건을 부려놓고 한 번 더 창고에서 가서 물건을 실어 날랐다. 다른 업체들과 달리 하루 두 차례 수송할 수 있었다.

그는 67년 7월, 자본금 2억 원으로 해운업 진출을 위해 대진해운(후에 한진해운)을 세웠다. 물류 수송으로 국가에 보답한다는 뜻의 '수송보국(輸送報國)'의 신념으로 한평생 수송 외길을 걸었다. 결국, 그가 세운 한진그룹은 인천의 땅과 바다 그리고 하늘을 베이스캠프 삼아 세계로 뻗어 나갔다.

광복 후 중국 상해 등지에서 엄청난 물자들이 인천항으로 들어왔다.

사(寫), 진(眞)하다

개항기의 사진을 선택할 적마다 눈에 들어오는 사진 한 장이 있다. 하와이로 시집간 이른바 '사진 신부'다. 이 사진은 수많은 글을 대신한다. 개항기 조선의 상황을 고스란히 전해준다. 이 여인과 시선을 맞추고 있노라면 금방이라도 꾹 다문 입을 열어 무슨 이야기를 전해 줄 것 같다. 이 여인의 포즈가 맘에 든다. 양산을 내려들고 허리춤을 한 모습은 시대의 구습을 깨겠다는 당찬 의지가 엿보인다. 하긴 생면부지의 예비남편을 찾아 미지의 세계로 가는 이 신부는 보통내기가 아니었을 것이다. 비약일까. 이 사진을 보고 있노라면 오늘날의 '소녀상'과 오버랩 된다.

이 책을 뒤로하고 이제 홍예문을 넘을 것이다. 인천의 개항 이야기는 항구와 바닷가에만 있지 않다. 홍예문을 넘으면 개항기 조선인들의 삶이 있다. 그들의 이야기는 산업화 시절과 맞닿으면서 인천 역사의 확장성을 갖는다. 인천의 이야기가 개항장에서만 맴돌아서는 안 된다. 송현동, 만석동, 화수동 등에는 일제강점기 수탈의 현장인 공장과 그곳에서 힘들게 일했던 노동자들의 거주 흔적이 아직도 많이 남아 있다. 그 동네에서 독한 유황 내 맡으며 성냥 작업을 하던 여인들의 사진은 또 다른 '소녀상'으로 다가온다. 사진은 진실하다.

글. 유동현

인천 송현동 수도국산 아래 기찻길 옆에서 태어났다. 동네 인근에 염전, 부두, 공장 등이 있어 험한 짓을 하며 자랐다. 송현초, 인천남중, 제물포고를 졸업하고 경희대학교에서 서어서문학을 공부했다. 전공과 별로 상관없는 잡지사 〈리크루트〉에서 기자, 편집장을 했으며 1997년 인천광역시의 홍보 업무를 담당하며 공직으로 전업했다. 〈굿모닝 인천〉 편집장을 하며 고향 인천을 제대로 공부하고 재발견했다. 이를 토대로 '골목길에 바투 서다(2008)', '골목, 살아(사라)지다(2013)', '시간, 먼지 되어 날다(2014)', '사진, 시간을 깨우다(2015)', '동인천 잊다 있다(2015)'를 저술했다. 똑딱이 디카로 찍은 사진을 모아 'Old but New' 등 수 차례의 전시회도 열었다.

시대의 길목 개항장
제물포를 드나든 에피소드

초판 1쇄 발행 2016년 12월 15일

지 은 이 유동현
기   획 인천문화재단 한국근대문학관
펴 낸 이 최종숙
펴 낸 곳 글누림출판사

책임편집 이태곤
디 자 인 안혜진
편   집 이홍주 권분옥 홍혜정 고나희 홍성권
마 케 팅 박태훈 안현진

주   소 서울시 서초구 동광로 46길 6-6(반포4동 577-25) 문창빌딩 2층(06589)
전   화 02-3409-2055(대표), 2058(영업), 2060(편집)
팩   스 02-3409-2059
전자메일 nurim3888@hanmail.net
홈페이지 www.geulnurim.co.kr
등록번호 제303-2005-000038호(2005. 10. 5)

정가 14,000원
ISBN 978-89-6327-354-9 04080
     978-89-6327-352-5 (세트)

출력·인쇄·성환C&P 제책·동신제책사